16년 차 동네 공무원의 이제야 알 것도 같은 이야기

네,
면서기입니다

이 책은 '2021 NEW BOOK 프로젝트-협성문화재단이
당신의 책을 만들어드립니다.' 선정작입니다.

16년 차 동네 공무원의 이제야 알 것도 같은 이야기

네,
면서기입니다

이우주

CHAPTER 01 아무래도 시시하긴 합니다만

- 충분히 전해드렸나요? ... 8
- 「청년기본법」에 부쳐 ... 12
- 별거 아녜요 ... 19
- 될까 몰라 이 훈련 ... 23
- AI 면서기에 밀리면 어쩌지 ... 26
- 나랏밥 먹는 일의 어려움 ... 31
- 면서기가 경찰관에게 ... 35
- 면서기에게 욕할 때 지켜야 할 것 ... 39

CHAPTER 02 그런데 말입니다

- 묻는 공무원 ... 44
- 딱 보면 공무원 ... 49
- 세대 떼고 일하기 ... 53
- 뚝심을 박아드립니다 ... 57
- 불편해졌어 ... 61
- 채밍아웃 ... 65
- 잘 지내지 못한 그에게 ... 70
- 잘못된 충실 ... 74
- 사망신고를 처리하며 생生을 생각하다 ... 79
- 묘수를 찾아라 ... 83
- 권력에 대한 예의 ... 87

CHAPTER 03 이를테면 말이죠

- 초록색 인문학 — 94
- 공무원의 글쓰기 — 99
- 진로 고민의 권리 — 103
- 이 수업은 적극 추천 — 108
- 처방전 공유합니다 — 111
- 달려라, 은색기차 — 116
- 이런 것도 산재처리 해줘야지 않나? — 119
- 우리 다 암시랑토 않게! — 122
- 정의의 형벌 — 126
- 국가 책임의 경계 — 131
- 일과 술 — 134
- 그런 초과근무는 사양입니다 — 138

CHAPTER 04 그리고 다른 이야기들

- 그 긴 걸 어떻게 다 써요 — 144
- 누가 누굴 돌본 건지 — 148
- 점심시간 — 151
- 걷다 보면 — 156
- 읽을 때마다 다시 산다 — 160
- 다시 숲으로 — 165
- 나의 봉두난발 그대 — 168
- 죽음을 생각하는 시간 — 172
- 서른아홉의 꿈 — 176

CHAPTER 01
아무래도 시시하긴 합니다만

● 충분히 전해드렸나요?

면사무소 문이 열린다. 꽃남방 할머니 다섯 분의 모습이 결연하다. 왠지 모를 긴장.

(할머니 1) "이 양반이 목욕표를 안 받았다는데 왜 안 준다는 거여!"
(직원) "아까 설명해 드렸잖아요. 지난주에 받아 가셨어요."
(당사자 할머니) "아니, 여태 병원에 입원해 있다 어제서야 나왔는디 뭔 소리여?"
(직원) "여기 보세요. 받으셨다고 이름 쓰셨잖아요."
(할머니 2) "한 달 넘게 병원에 있다 어제사 나왔다잖여! 내놔, 어여 내놔!"

할머니들 기세가 만만치 않다. 5:1로 맞서 있는 신규 직원의 억울한 뒤태가 애처롭다. "그럼 여기에 성함 한번 써보세요." 이면지가 등장하고 면사무소를 압도하는 서스펜스, 숨 막히는 정적.

 김.복.동. "?" "뭐여." "똑같네." "그러니께." "똑같어." "그려." "그럼 가서 장이나 봐."

 할머니들 쿨하게 뒤돌아 나가신다. 다섯 송이의 늙은 꽃, 예쁘다. 목욕표 내놓으라고 다시 오셔도 좋으니 오래오래 건강하셨으면 좋겠다.

 면사무소에서 일하는 면서기가 으뜸으로 갖추어야 할 덕목이 있다면 바로 '어르신들께 초연하기'다. 아파트 관리비 고지서를 내미셔도, 전화기를 고쳐달라며 빤히 쳐다보셔도, 딸이 왜 자식이냐 우기셔도, 왜 오셨는지 기어이 말씀을 안 하셔도, 며칠 전부터 입맛이 없고 기운이 빠지고 무릎도 더 쑤시고를 늘어놓으셔도 결코 당황해서는 안 된다. 이들에게 면사무소는 112고 119고 '모든 문제 해결소'다.

 거실 전등을 바꿔드릴 능력도, 퇴행성 관절염을 낫게 해드릴 의술도 없으니 상냥함이라도 유지하고 싶지만 민원이 밀려 있는 상황에서 아무리 애써도 의사소통이 되지 않을 때는 슬슬 인내가 한계를 드러낸다. "면사무소에서 못 하는 거예요." 백 번을 말씀드려도 "그래도 해줘" 백 번 대답하시는 어르신들을 돌려보내려는 마음이 급해진다. 시급했을 문제를 해결 못 하고 되돌아가시는 뒷모습을 보고 있자면 나의 미래 같기도 하고 그분들의 젊었을 시절이 그려지기도 해 마음이 복잡하다.

『고마운 마음』은 프랑스 작가 델핀 드 비강이 인간관계를 주제로 쓴 3부작 소설 중 두 번째 작이다.

"그런데…… 잃어버리고 있어요."[1] 미쉬카 할머니는 잃어버리고 있는 중이다. 자꾸만 무언가가 흘러 나가는 것 같아 불안하다. 그에게서 새어나가고 있는 것은 언어. 교정교열사로 정확한 언어를 구사했고 늘 책과 신문을 읽어온 그에게서 단어와 문장들이 손 쓸 수 없이 빠져나간다. 속수무책. 두렵다. 놓치고 있는 만큼 작아지는 미쉬카 할머니 곁에 마리가 있다. 어린 시절, 홀로 감당해야 했던 아픔을 친절히 안아주었던 그다. 그 고마운 마음으로 자라고 살아냈으니 마리는 미쉬카 할머니를 홀로 둘 수 없다.

고마운 마음을 표현했던가? 충분하게 전했던가? 델핀

---

[1] 델핀 드 비강, 『고마운 마음』, 윤석헌, 레모, 2020년, 20쪽

드 비강은 계속해 찾아오는 이 질문으로부터 소설을 쓰게 되었다고 한다.

  한 달을 꼼짝없이 병원에 입원하고 어제 퇴원하셨으나 신기하게도 지난주에 직접 목욕표를 찾아가신 복동 할머니가 남기고 간 세 글자를 오래도록 바라본다. 힘도 좋으시네. 삐뚤빼뚤 꾹꾹, 이름 석 자 소중히도 눌러쓰셨다.
  복동 할머니에게서는 무엇이 빠져나가고 있는 걸까? 오늘만 세 번째 주민등록증을 만들러 오신 용재 할머니에게는 무엇이 얼마큼이나 남아 있을까? 호통치듯 소리쳐야만 들을 수 있는 우현 할아버지는 자신의 고된 세월을 받은 이들에게서 고맙다는 말을 들어보았을까? 해결해드린 것도 없으면서 뒤늦은 질문들이다.

「청년기본법」에 부쳐

 두어 해 전까지만 해도 내가 청년일까 아닐까 괜히 나 혼자 생각해보곤 했었다. 이런저런 구실을 붙이면 (어느 농촌마을에선 70세까지 청년회래!) 청년이지 않을까 하는 미련을 버릴 수가 없었다. 그런데 이제 완전히 글렀다.

 '청년이란 19세 이상 34세 이하인 사람을 말한다.' 「청년기본법」이 2020년 8월 시행되었다. 아주 많이 늦은 감이 있지만 청년세대에 대한 사회적 관심과 지원의 필요성을 법제화한 것은 반가운 일이다. 연령의 범위를 명확히 해 각종 정책과 행정 절차에 있을 수 있는 혼란을 방지한 것도 필요했던 일이다. 하지만, 하지만 좀 섭섭하다. 억지스럽다는 것 잘 알지만 그래도, 혹시나, 좀 찔리지만, 나도 청년일 수 있지 않을까 하는 낭랑한 미련을 빼앗겨 버렸으니 난감하고 속상하다.

한데 요즘 들어선 그 시절을 넘어선 것이 다행스럽기도 하다. 나의 청춘 역시 불안과 두려움과 24시간 속 쓰림에 봄의 벚꽃조차 성가셨던 시절을 거쳐야 했지만 그 어느 때보다 위태로운 지금, 분투 중인 청년들에게 그런 이야기는 아무런 응원도 되지 못할 것 같다.

하지만 또, 고생스럽지 않은 청년 시절도 있는 것이더냐고 어른들이 묻고 싶겠다는 생각도 든다. 사진 속 젊은 그들의 마른 몸엔 기름 낀 잉여 칼로리 대신 절대 빈곤이 있었고, 사연 속 젊은 그들에게는 가족 부양과 조국 충성의 의무가 있었다. 종종 생각한다, 얼마나 지긋지긋했을까.

그때와 지금은 다릅니다, 청년들이 답할지도 모르겠다. 애쓰면 될 수도 있었던 시절이지 않았습니까, 화를 터트릴지도. 어쩌면 침묵의 보이콧으로 되물을지도.

『안 느끼한 산문집』은 막내 방송작가로 사회초년을 살아가는 강이슬의 에세이다. 『혼자를 기르는 법』 역시 20대를 살아가는 여성을 그린 웹툰 단행본이다. 이 두 청춘은 서울이라는 어른의 세계, 돈의 세계, 기회와 패배와 희망과 포기의 세계에서 청년 시절을 살아간다.

"우리가 충분히 열심히 살고 있다는 것은
둘 다 아는 사실이었다."[2]

 수도가 얼어 술 취한 엉덩이들이 눌러앉았던 술집 화장실을 사용해야 하고 강풍이 불면 생존을 두려워해야 하는 옥탑방에서 강이슬과 동거인인 친구는 "야, 시발. 진짜 이 집 무너지면 어떡하지?" 목숨에 위협을 느끼며 열심히 돈을 벌자 다짐한다. 하지만 이들에게 얼마나 '더' 열심히 살아야 바닥이 기울지 않은 집, 똥 냄새가 나지 않는 집에서 살 수 있다고 말해줄 수 있을까. 버스의 교통카드 인식음이 두려워 '볼이 썰릴 것 같은' 겨울에도 40분을 걸어 일터에 가고, 방송 소품으로 쓰다 버린 도시락을 챙겨와 끼니를 해결하는 이들에게 어떻게 '더' 열심히 살라 말할 수 있을까.

 『혼자를 기르는 법』의 「어댑테이션」 편은 서로 다르게 생긴 어댑터들이 "잘 가! 모두 맞는 길을 찾길 바랄게!" 손을 흔들며 각자의 길로 힘차게 뛰어가는 컷으로 시작한다. 자기에게 맞는 콘센트를 찾으려는 이들에게 어른들

---

[2] 강이슬, 『안 느끼한 산문집』, 웨일북, 2020년, 40쪽

이 말한다. "다 맞추면서 사는 거다. 세상일이 네 맘대로 될 것 같냐. 맞는 거 하면 행복할 것 같지?" 흩어졌던 어댑터들은 결국 출발지로 돌아와 이런 대화를 나눈다. "아무 데나 들어가면 됨?" "어어, 일단 맞는 척하래."[3]

  정부와 공공기관에서는 청년들을 위해 여러 정책사업을 운영하고 있다. 근로장려금, 구직활동비, 직업훈련비를 지원하고 직업능력교육이나 도제식 교육훈련, 해외취업의 기회를 제공한다. 일하는 청년이 일정 금액을 일정 기간 납입하면 국가도 일정 금액을 부담하는 저축제도도 있고 지역마다 청년 창업이나 주거, 복지 정책을 만들어 시행하기도 한다. 물론 자격요건과 예산의 한정이 있으니 소수만이 대상이 될 수 있을뿐더러 이런 몇 가지 사업으로 청년세대의 삶에 꽃길이 열리진 않는다. ('꽃' 하니까 생각났는데, 공무원 시험을 준비하던 시절, 도서관 거지 아줌마가 내 꼴을 보고는 혀를 차며 훔친 과자를 나누어주었던 그때, 엄마가 친구에게 "얘는 이 나이에 피어보지도 못하고 이렇게 확 졌잖아"라며 나를 소개했었다. 나

---

3) 김정연, 「혼자를 기르는 법」, 창비, 2017년, 68~69쪽, 「어댑테이션」

도 그런 청년 시절을 보냈다.) 또, 세부기준을 보면 합리적이지 않은 부분도 있다. 면사무소에 찾아와 "장려금 계속 받으려면 일하지 말라는 거네요?" 어처구니없어 하던 청년의 비아냥이 가시지 않는다.

 모르겠다. 잘은 모르겠지만, 더디긴 해도 정치와 행정, 언론을 포함한 사회 전반에서 움직임이 일고 있고 지금의 청년들 역시 어느 시절의 젊은이들 못지않게 열심히 제 몫을 살아가는 중이다. 많은 걸 포기한 세대라고들 하지만 대의를 찾고 소중히 여기는 분야가 전과 다른 것뿐일 수도 있다. 독재 타도 대신 기후와 생태와 동물권을 위해 연대하고 조국에 충성을 바치는 대신 나를 당당히 사랑하는 것으로 생을 충만히 키워내는 것이 지금의 청춘들에게 주어진 소명일지도 모른다.
 그렇다면, 이미 충분히 열심히 살고 있는 이들을 위한 공직자들의 역할은 무엇일까? 가감 없이 현실을 재고, 현실을 개선할 수 있는 현실적인 정책을 만들고, 그것이 현실에서 어떻게 작용하는지 살펴 정확한 피드백을 해야겠지. 그것이 우리의 몫이라고 인식해야겠지. 죽지 않고 일할 수 있는 마땅함을 보장해주어야겠지.

하지만 나는 겨우 면서기인데? 거치고 거치고 거쳐서 내려온 일들만 정해준 규정대로 하는 게 내 일인데? 말하는 사람도 듣는 사람도 헛말인 줄 다 아는 "저희도 건의는 해보겠습니다"만 할 수 있는데? 결국 투표 잘하는 거, 그거밖에 없는 걸까? 뭐라도 해보고 싶은 마음에 두 다리에 힘을 줘보지만 면사무소에 앉아 있는 나는 할 수 있는 게 참 없다. 야심 차게 걷어붙였던 소매를 슬며시 내리고 그동안 인연을 맺어온 청년들에게 시청 아르바이트 채용 공고문을 보내는 정도. 이런저런 우선선발을 빼면 몇 자리 안 되지만 그래도 신청이라도 해봐 얘들아. 장학사업에 함께했던 대학생들의 단체 메시지 방에 어린이날을 핑계로 랜덤 선물을 띄우는 정도. 단 거 먹고 힘내렴. 힘이 날까 모르겠다만. 취업 서류심사에 합격해 면접을 보러 간다는 젊은 친구에게 뜨끈한 감자탕을 사 먹이는 정도. 속이 든든해야 안 쫀다. 쫄지 마. 어깨 펴!

뭐라도 해보려는 이 친구들에게 해줄 수 있는 게 이리도 없어서, 잘 될 거라는, 아무 도움도 못 되는 말밖에는 해줄 수 있는 게 없어서 속상하다. 어른 공무원으로서 정말이지 뭐라도 하고 싶은데, 제 몫을 다하는 거, 그런 걸 하고 싶은데. 오늘 신문엔 청년정책의 컨트롤 타워가 이

중화되어 어쩌고 그런 기사가 실렸고 면서기는 무력하기만 하고.

식상하겠지만 얘들아, 힘내. 힘내!

덧붙임 그나저나 '중년'이라는 연령계층을 나만 오해하고 있었던 걸까? 표준국어대사전엔 이렇게 정의되어 있던데. '마흔 살 안팎의 나이. 또는 그 나이의 사람. 청년과 노년의 중간을 이르며…' 아니 뭔 중년이 이렇게 빠르다냐….

● 별거 아녜요

 업무 협의를 하는 중에 후배 직원이 뜬금없이 "역시 중견 공무원은 다르시군요!"란다. 뭣이? 무슨 공무원?

 그러고 보니 이제 선배보다 후배가 더 많은 것도 같다. 깜깜한 탕비실이나 주차장 구석에서 혼자 훌쩍이는 후배들의 어깨를 다독이는 노릇을 한 적도 여러 번이다. 맙소사, 선배가 되다니. 막내 어드밴티지만큼은 놓치고 싶지 않은데, 여전히 개차반인데.

 이만큼 자란 게 자랑스러울 법도 한데 어쩐지 반갑지가 않다. 이제 더는 배시시 웃는 것으로, 불쌍한 표정을 짓는 것으로 상황을 넘길 수 없게 되었으니 큰일이다. 진단도 판단도 결정도 책임도 영광도 나의 몫이다. 홀로 서야 할 때, 내가 싼 똥은 내가 치워야 할 때.

 낯선 세상에 진입해야 하는 이들에게 "괜찮아"는 다른

어느 말보다도 꼭 필요한 토닥임이다. 이를테면 어린이집 꼬마들, 학교의 신입생들, 이제 막 가족으로 살아가기로 한 이들, 그리고 무엇보다 갓 밥 벌어먹기 시작한 사회초년생들. 종일 쭈뼛거리며 온갖 눈치를 살피고, 말귀 못 알아듣고도 되묻지 못해 혼자 속 태우고, 여기저기 실수를 흘리느라 한 것 없이 고된 하루를 보낸 그들에게 "괜찮아"를 건넬 생각이라면 조심하도록 하자. 우리의 삐약이들이 갑자기 닭똥 같은 눈물을 뚝뚝 떨굴지도 모르니 말이다. 몹시도 당황스럽겠지만 짐짓 태연한 척하는 게 좋겠다. 당신의 "괜찮아"가 나약과 미약으로 혼미해진 그들을 곧추세우고 있는 중이니 의젓한 표정을 유지하도록 하자. 그들이 아주 조금 괜찮아질 때까지만이라도.

장류진의 단편 「연수」를 읽고 마음이 얼마나 좋았는지 모른다. 좋아서 그 밤 모처럼 잠을 잤다.

주연은 운전을 하지 못한다. 면허시험장에서 화단을 올라타고 주행시험에서 사고를 일으킨 기억이 주연을 주눅 들게 한다. 운전이 무섭다. 무서운데 어쩌자고 덜컥 차를 사버렸다. 출퇴근에 좋고, 마침 보너스도 받아 사긴 했는데 실패한 기억은 여전히 생생하고 사고에 대한 망상은 집요해 이거 참 큰일이다. 그래도 이번만은 해보자는 마음에 온라인 카페에서 후기 좋은 강사의 연락처를 얻어 주행연습을 시작한다. 예상과 너무도 다른 강사의 외모와 왠지 미심쩍은 교육방식을 의심하며 주연이 운전을 시작하는데….

 삐약이 시절 겪었던 공포의 순간들을 기억한다. 지금 돌아보면 별것 아니었지만 그때는 세상 전부가 무너지는 것 같았다. 거친 민원을 받거나 상사의 의중을 읽지 못하거나 업무 실수를 할 때마다 불안과 좌절에 어찌할 바를 몰라 했다. 엄청 큰 잘못을 저지른 것 같았고 어떻게 해도 수습할 수 없을 것 같아 무서웠다. 그때의 나보다 훨씬 똘똘한 후배들에게 어쭙잖은 조언을 할 생각은 없지만 나름의 세월을 거쳐 배운 한 가지만은 일러주고 싶다.
 너무 두려워할 것 없다. 반듯한 개념으로 일을 잘 해내려 노력했다면 혹 난관에 부닥쳤다 해도 영혼까지 놓아가며 두려워하지는 않았으면 좋겠다. 짐작과 달리 세상은 유연하고 사람들은 선하다. 해결할 수 있는 방법들이 있고, 주변의 선의가 당신을 지켜줄 것이다(물론 당신이 상습범이 아니어야 한다). 잘난 것 없는 내게도 그런 기적들이 있었으니 당신 또한 혼자가 아니라는 사실을 일단 믿어보시라.

혹 그럼에도 수습이 불가하다면 반성은 필요하겠지만 과도한 자책이나 자기학대까지는 가지 않았으면 좋겠다. 수습을 위해 진심의 노력을 다하고, 그래도 안 되면 다른 일을 잘 해내는 것으로 성실히, 조금씩 갚아나가면 되지 않을까? 회복할 수 있을 만큼만 쫄자. 반등할 수 있을 만큼만 그렇게 하자.

이상, 여태 제 앞길도 더듬거리는 시시한 선배의 한 말씀. 끝.

될까 몰라 이 훈련

내 공직생활의 꽃은 9급 병아리 시절이었다. 스물넷, 막내특권을 독점했던 그 시절이 먼 세기의 기억인 것도 같고 바로 얼마 전의 일인 것도 같다. 이제야 그때, 나만 홀로 명랑했던 그때의 선배들의 난감을 짐작한다. 얘를 어디부터 가르쳐야 하나. 무슨 일을 얼마나 줘야 할까. 내 얘기를 알아듣긴 한 걸까?

『일을 잘 맡긴다는 것』은 남편의 권유로 읽었다. 평소 경제경영서는 읽지 않는 데다 제목이 어째 에두른 꾸지람 같아 열어보지 않았는데 이틀에 걸친 강권에 항복. 12년을 같이 살았고 같은 직장에 있어 업무 스타일을 잘 아는 사람이 권하는지라 읽지 않을 수가 없었다.

그래, 맞다. 나는 일을 잘 못 맡기는 사람이다. 내가 하는 게 빠르고, 직원이 바빠 보여 미안하기도 하고, 일 안

하는 팀장은 싫고, 직원이 기껏 해놓은 일을 뜯어고치는 게 어려워 그렇다.

꾸중하지 말아달라. 나도 안다. 내가 다 해버리면 당장은 효율적일 수 있지만 직원은 배우고 성장할 기회를 놓치게 된다. 나도 시행착오를 거쳐 뭔가를 해냈을 때의 만족감, 유익하든 무익하든 유해하든 선배의 코멘트와 내 생각을 비교할 때의 골똘함, 내가 지금은 아랫것이니 하라는 대로 하지만 내 기필코 당신 같은 윗것은 되지 않으리 분연했던 마음 같은 것들이 쌓여 기성 공무원이 되었다. 더구나 내가 언제나 옳고 정확한 게 아닌 데다 아무리 보수성 강한 공공행정이라 해도 다양한 관점의 시도가 필요하다고 믿기에 내 마음에 아주 딱 차지 않아도, 더딘 속도가 답답해도, 안절부절 불안해도 일단은 맡겨보려고 (생각은) 한다.

그런 와중에 내년도 업무계획을 다시 제출하라고 해서 망설이다가 결국… 내가 했다. 잠깐만! 우리 팀은 직원이 둘뿐인데 둘 모두 온종일 민원창구에 앉아 등·초본과 인감증명서와 가족관계증명서 따위를 수십억 장 발급하고 주민등록증을 만들기 위해 열 지문을 찍고 전입신고 사실 조사를 나가고 면사무소에 컨테이너 놓고 살겠다는 거소불명자의 고함을 청취해야 한다. 점심은커녕 커피 한 잔도 느긋하게 못 마신다. 퇴근 때까지 면사무소 밖으로 한 발짝도 못 떼고 해 한 번 못 보는 날이 계속이다. 그래서 내가 했다. 내가 해서 직원들에게 검토해달라고 했다. 반성을 조금 하긴 했지만 아무래도… 다음에도 그럴 것 같다. 사람 바뀌는 게 이렇게 어렵다. 더 많이 반성해야겠다.

덧붙임 세상 그 많은 사람이 저마다의 사연과 맥락으로 조직을 꾸리고 사회를 이루는데 책 한 권이 답이 될 수는 없다. 원작이 그렇게 쓰였는지 번역을 그리했는지는 알 수 없으나 '부하 직원'이라는 말이 내내 불편하기도 했다. 하지만 직장인으로서 자신을 객관화해볼 수 있는 기회는 되었다.

● AI 면서기에 밀리면 어쩌지

 '공약' 하면 뭐가 떠오르시는지? 혹시 '남발, 뻥, 안 믿어, 우선 던지고 봐' 같은 불신의 언어는 아니실는지? 공무원들에겐 여기에 '사업계획 수립, 예산확보, 언론보도, 사업진행, 분기별 성과보고…' 같은 고단의 단어가 덧붙는다.

 평생교육 업무를 맡았을 때, 내게 떨어진 공약이 다섯 개였다(공약은 제발 신중히). 그중 하나가 코딩 교육센터 설립이었는데 덤벼볼 마음이 영 들지가 않았다. 뭘 알아야 시작을 하든 말든 하지. 어찌어찌 물어가며 가닥을 잡고 나서도 첩첩산중. 팀장님, 과장님, 국장님, 부시장님, 시장님에게 코딩이 뭔지, 왜 필요한지, 그래서 어떻게 해야 하는지를 설명하기가 난감했다. 보고의 생명은 간단명료이건만. 예산을 세우기 위한 의원 설득도 어렵기는 매한가지. 설득의 생명은 확신이건만. 코딩 이거 대체 뭐여….

'4차 산업혁명'의 두려움에 비하면 코딩의 어슴푸레함은 아무것도 아니다. 이제 진부하게 느껴질 정도로 숱하게 보고 듣지만 대체 뭘 어떻게 해야 한다는 건지 막막할 뿐이다.

나만 두려울까? 세상이 뒤집힌다는데, 지금처럼은 살 수 없다는데, 700만 개의 일자리가 사라진다는데, AI가 인간을 지배하고 로봇이 인간보다 훨씬 많은 것들을 잘 해낼 수 있다는데, 나만 도망가고 싶을까?

4차 산업혁명 시대를 폼나게 살고 있는 17인의 전문가가 『4차 산업혁명 나는 무엇을 준비할 것인가』에서 공통으로 언급, 강조한 것은 '공감, 본질, 융합, 통찰, 창의, 관심, 노력, 경험, 유연 + 신기술'이었다.

인간. 4차 혁명이라면 응당 첨단과학, AI, 로봇일 것 같은데 의외의 존재 '인간'이 아주 중요하게 등장한다. 산업과 비즈니스의 근간이 공급자에서 수요자로 바뀌고, 수요자 각각의 복잡 미묘하게 숨겨진 욕구까지 읽어낼 수 있는 능력이 요구된다. 인간을 이해하고 타인을 공감할 수 있는 전인적 감각이 능력이라는 얘기다. 결국, 인간을 향해야 한다는 것.

본질 관통. 일의 흐름을 이해하고 리드하기 위해서는, 남기고 버릴 부분을 정확히 판단하기 위해서는 본질, 즉 핵심을 꿰뚫어야 한다는 반복에 얼마 전 읽은 『죄와 벌』이 떠올랐다. 『카라마조프가의 형제들』, 『달과 6펜스』, 『싯다르타』, 『폭풍의 언덕』 같은 고전들이 줄줄이. 인간 고유의 것, 끝내 피해갈 수 없는 욕망을 향한 집요한 탐구는 오랜 시간 읽힌 고전의 공통점이다. 가성비 면에서도, 폼의 측면에서도 본질을 꿰뚫는 훈련으로 안성맞춤. 더군다나 '인문학적 통찰력' 역시 새 시대 인재의 필수소양이라니 이보다 좋은 대비책이 있으랴. (이런 생각을 꼬마들에게 어떻게 건네야 하나 고민하던 즈음, 초등 4학년인 큰 꼬마 왈. "선생님이 4차 산업혁명이 뭔지 아는 걸로 끝나면 안 된대. 그걸 뚫고 나가야 된대." 뚫고!)

3D. 현재를 명확히 진단하고, 세상에 대해 지속적으로 관심을 두고, 서로 다른 것들을 융합할 수 있어야 한다는 말에 신문을 떠올렸다. 종이신문을 구독하면서부터 세상을 보는 눈이 달라지는 것을 느낀다. 관심이나 취향에 맞는 기사만을 (혹은 제목만을) 골라 보는 인터넷 뉴스와는 전혀 다른 세상이 종이신문에 있다. 종합, 정치, 사회, 경제, 문화, 국제, 지역, 칼럼 등을 두루 (제목만이라도) 훑

어보다 보면 세상 면면의 움직임과 목소리를 접할 수 있다. 물론 교묘한 가림막과 편파적 편집은 주의해 읽어야겠지만 가짜가 범람하는 인터넷 뉴스보다는 분명 안정적인 통찰의 기회가 된다. 조각으로, 단면으로 보아왔던 세상을 3D로, 입체적으로 감각할 수 있다.

종종, 키오스크로 채워진 면사무소를 상상한다. 입구의 스캐닝 기기에서 민원인에게 필요한 업무가 확인되면 빈자리 혹은 가장 먼저 다음 차례가 될 키오스크로 동선이 안내되고, 그 짧은 시간 동안 키오스크는 민원인이 최대한 간단히, 쉽고 빠르게 업무를 처리할 수 있도록 빈틈없이 세팅되어 있다. 뭐가 필요한지, 자격이 되는지, 팩스를 대신 보내줄 수 있는지, 수수료가 얼마인지 물어볼 필요도 없고 신분증을 안 가져와서 되돌아갈 일도 없는 아주 아주 영리한 면사무소. 무엇이든 척척 유능하고 친절한 키오스크 면서기들이 일하는 면사무소. 아니다. 면사무소 자체가 없어질지도 모르겠다. 그럼 내 자리는 어디?

아무래도 인간을 고민하고 고전과 신문을 읽는 것으로 자리를 지킬 수 있을 것 같지는 않다. 96%의 가능성으로 공무원이 사라질 거라는 영국의 어느 조사결과도 있었으니 철밥통의 시대는 아무래도 끝난 듯하다. 코딩 학원을 다녀야 하나? 다른 직업을 찾아야 하나? 생각해볼수록 이거 좀 무섭다. 4차 산업시대, 난 뭘 해야 하는 거니?

머리도 복잡한데 오늘 오후엔 꼬마들과 작은 역사박물관에 가볼 계획이다. 100년 전 우리 지역의 생활상을 찍은 사진전이 열린다고 한다. 마실 가듯 다녀와야지. 오는 길엔 시장에 들러 호떡도 사 먹을 생각이다. 아무려나 집에서 뒹구는 것보다는 4차 산업시대 대응에 어울리지 않겠는가. 호떡은 아닌가? 아냐. 당이 들어가야 기똥찬 생각이 떠오르지. 일단 먹자고.

나랏밥 먹는 일의 어려움

 누구 말마따나 '내가 이러려고 공무원이 됐나' 하는 자괴감에 신발짝이라도 집어 던지고 싶을 때가 한두 번이 아니다. 조직의 최고 의사결정자가 선출직이다 보니 내가 행정하는 사람인지 정치하는 사람인지 정체를 아리송해하다 결국 그냥 시키는 거 하는 사람으로 끝날 때도 있고, 지금이 어느 때인데 이런 쌍팔년도식으로 일을 하란 말이냐 씩씩거리며 분노의 삽질을 온종일 퍼부을 때도 많다. 삿대질에 쌍욕까지 해대시는 민원인에게 "선생님, 공공기관에서 소란 피우시면 곤란합니다" 점잖은 대응을 했다가는 "공공기관 같은 소리 하고 자빠졌네!" 혼꾸멍이 날 수도 있다.

 주민센터 민원팀의 주요업무는 출생, 혼인, 전입 등 일신의 변화를 사실대로 기록하고 증명 서류를 발급하는 것이다. 종일 각기 다른 민원인을 응대해야 하는 피로가 있지만 곤란한 판단이나 깊은 고민을 할 거리가 적다는 게 큰 장점이다. (시장님, 저 여기서 퇴직하고 싶습니다!) 공무원이 원래 이런 일을 하는 사람인가, 이게 정말 맞는 걸까, 대체 어떻게 해야 한다는 말인가, 같은 번뇌 없이 내가 무얼 하는 사람인지 뚜렷이 알고 있다는 것만으로도 벌어먹고 사는 게 훨씬 덜 피곤하다. (시장님, 최선을 다하겠습니다!)

소설가 장강명, 그도 벌어먹고 사는 게 고민스럽다. 두 번의 퇴사를 감행할 만큼 쓰는 사람으로 살고 싶었고, 여러 차례 굵직한 상을 받을 만큼 글 잘 쓰는 그지만 직업인으로서의 정체성에 대해 생각이 많다. 많아서 『책, 이게 뭐라고』를 썼다.

미디어와 통신의 발달로 '쓰고 읽는'과 '말하고 듣는'의 경계가 흐려지면서 분명히 앞쪽의 인간이었던 그의 직업 생활에도 뒤쪽의 영역이 침투하게 되고 이내 쓰는 사람으로서의 정체성마저 모호해지는 지경이 되고 만다. 쓰는 사람이 말하는 사람이 되어 팟캐스트를 진행하고, TV 프로그램에 출연하고, 강연을 하느라 정작 소설은 쓰지 못

하는 생활이 길어지자 위기감을 느낀 그는 상황을 정리해본다. 본인이 장편소설 한 편을 쓰는데 들였던 평균시간과 거장들이 좋은 작품을 마지막으로 썼던 평균 나이를 내어 앞으로 몇 편을 더 쓸 수 있을지를 계산한다. (이과 출신!) 도출값 스무 편. '몸이 달았다'고 그는 썼다.

  몸이 달아서 소설 쓰기에만 전념했다? 아니. "그럼에도 불구하고 다른 것을 포기하고, 소설 쓰기에만 매달리지는 못했다. 겁이 났기 때문이다. 인세 수입보다 방송 출연과 강연으로 버는 돈이 훨씬 더 많았다."[4)]

"많이 바쁘지?" 시장님 비서실에서 연락이 왔다. 아, 뭔지 알겠는 느낌. 내상 각오하고, 심호흡 한 번 하고, "괜찮습니다. 말씀하세요." "홈페이지에 뭐가 올라와서…."

  公밥 먹는 세월이 길어질수록 내공도 강해지면 좋을 텐데 그렇게는 안 되는 건지 일방적 민원제기에 나는 또 마음이 힘들다. 점심밥도 마음 놓고 못 먹고 화장실도 참다 참다 종종걸음으로 다녀오는 직원들의 하루를 내가 아는데. 자식이 밖에 나가 혼나고 들어오면 이런 기분일까?

---

4) 장강명, 『책, 이게 뭐라고』, 아르테, 2020년, 281쪽

억울하고 불쾌해 먹지도 않던 믹스커피를 다 마셨다.

 하필, 아니 마침 금요일. "고생 많으셨어요. 주말 동안 푹 쉬시고, 해도 쬐시고, 바람도 쐬시고 깨끗한 뇌로 만나요." 지어 보일 수 있는 최고 (어색하게) 큰 미소와 급히 사온 딸기를 들려주며 퇴근인사를 한다. 홈페이지의 지청구는 나 혼자 폭식하리. 그래, 나는 그런 거 하는 사람이다. 직업인들이여, 밥 벌어먹고 사는 거, 이게 뭐라고!

● 면서기가 경찰관에게

"내가 낸 세금으로 먹고사는 것들이 말이야." 앞뒤 맥락 뚝 자르고 저렇게 말해버리면 대꾸할 말이 없다. 화자는 들을 마음이 없고 청자는 모멸의 통통에 빠져버렸는데 무슨 말을 이을 수 있겠는가. 혹시 '세금충 항체' 개발을 고려하는 제약회사가 있다면 내 기꺼이 얼마쯤 기부하겠다.

『경찰관속으로』를 쓴 원도는 자신의 책을 '초심을 잃어가는 기록'이라 소개한다. 그 공을 들여 경찰이 되었는데 이제 3년이 되었다는 그는 자부심 아닌 자괴감을, 정의감 대신 냉소를 쌓아가고 있다. 그보다 십여 년 더 오래 公밥으로 살아가는 사람으로서 푸념인 것도 같고 다짐 같기도 한 그의 글을 여러 번의 끄덕임과 안타까움으로 읽었다.

대통령을 잘못 뽑았다는 증명을 낱낱이 짚으려 굳이 면

사무소를 찾아오는 사람, 돈·밥·국·반찬을 현관 앞에 두고 가라는 사람, 개인 용도의 팩스를 그쪽으로 보내놨으니 잘 보관하고 있으라는 사람, 묘지 개장을 할 건데 어느 업체가 잘하느냐며 재택근무 중인 직원에게 밤 11시에 전화를 거는 사람….

그래도 경찰은 좀 다르지 않을까? 경찰인데? 아닌가 보다. 내가 낸 세금으로 산 거니까 커피 한 잔 내오라는 사람, 200장의 종이 뭉치를 복사를 해달라는 사람, 야간근무 중 굳은 허리를 펴는 경찰을 보며 한가하니 신세 좋다 비난하는 사람, 일일이 사례를 들지 않아도 환장하겠는 주취자들….

정말이지 궁금하다. 진정 우리가, 세금으로 임금을 받는 직업인들이기에 이런 식으로 대해도 된다고 생각하는 걸까? 아니면 우리가 하는 일에 세금을 쓰는 게 아까워서? 그것도 아니면 나라 돌아가는 꼴과 먹고 사는 고단에 대한 화를 받는 것 또한 우리의 업무라 생각해서? 모르겠다. 비아냥과 고성, 막무가내와 삿대질의 마일리지는 오늘도 두둑하다.

경찰을 영웅으로 알던 나의 큰 꼬마가 어렸을 때, 우산까지 집어 던지고 경찰차를 뒤쫓아 달리던 녀석을 위해 차를 세워 문을 열고 신세계를 보여주던 경찰을 기억한다. 그림책에서만 보던 파출소가 궁금해 문 앞에서 기웃거리던 우리에게 들어와서 보라며 음료수까지 내어주던 경찰도 있었다. 알코올중독자와 치매노인의 지난한 한풀이에 일일이 대답해가며 집까지 바래다주던 경찰들도 있었고.

하지만 나는 이들이 더 거친 일들에도 소신껏 대응할 수 있으면 좋겠다. 팬티 바람에 여자를 겁박하고, 전자발찌를 보이며 벌금 못 낸다 소리 지르고, 남편 될 사람 하나를 믿고 타국으로 온 여인을 목숨이 끊어지도록 때리는 이들 앞에서 그저 서 있어야만 하는 경찰은 이제 옛이야기로 박제되어야 하지 않을까? 무엇을 '하는' 경찰이 아니라 '하지 않아야 하는' 경찰이라니, 아득하기만 하다.

품고 있는 과거가 너무 많으면 현재를 기록할 수 없다는 걸 깨달았다는 저자에게 그렇다고 해서 선택한 것들만 기억하지는 말자고 말하고 싶다. 비합리적인 제도와 한정된 예산은 공무원들이 공정하고 정의롭게 공무를 할 수 있도록 보장해주지 못하지만 어떤 것만을 선택해 기억한다면, 혹은 무엇도 남기지 않고 텅하니 비워놓는다면 우리 정말 보잘것없는 사람들이 되어버릴 테니 말이다. 그러니 당신이 기록한 이 글처럼, 우리 스스로 택한 이 公의 세계에 실금이라도 내기 위해서 우리 지치지 말고 생생히 감각하자고, 썩은 어금니 밀어내듯 계속 흔들어보자고 말하고 싶다.

덧붙임 고등학교 3학년이 된 나의 사촌동생은 경찰이 되기 위해 공부 중이다. 대학은 가지 않기로 했단다. 좋은 경찰이 되는 데 대학생활이 꼭 필요한 건 아니라 판단한 듯하다. 씩씩하고 명랑한 이 친구가 꿈꾸던 경찰 제복을 입고 오랜 세월을 보낸 후에도 이 나라를 미워하지 않을 수 있기를 진심으로 바란다. 말 안 듣는 어린아이가 아니라 더럽게 말 안 듣는 어른을 혼쭐내주고, 꼬마들에게 '경찰은 멋진 직업이란다!' 자랑할 수 있는 경찰. 볼품없이 흩어져 있는 정의를 모으고 매만져 세상을 바르게 잡아주는 경찰로 살아가기를 소망하며. 끝.

면서기에게 욕할 때 지켜야 할 것

"이따위로 하면서 월급 받아먹네. 그러니까 나라가 이 모양이지. 니들 때문에 아직도 통일이 안 되는 거야!"

만만치 않았던 하루의 피날레로 아주 적격이다. 나라를 망하게 한 죄인이 되었으니 석고대죄의 심정으로 찬물을 끼얹어 세수를 하고 거울 속 마른 얼굴에게 말한다. "야 이 사람아, 그러니까 면서기가 통일 정도는 미리미리 해뒀어야지. 아무튼 욕봤다. 퇴근하자."

면사무소에서 근무하다 보면 나라 꼴에 대한 항의와 분노와 질책을 온갖 욕설과 고성으로 채집할 수 있다. 우리가 취합한 국민의 의견을 오리지널 버전으로 국회와 정부에 전달할 수 있다면 참 좋을 텐데, 여태 그 경로를 찾지 못해 아쉬운 점이 한둘이 아니다.

나라에 대한 화를 좀 더 세련된 꾸지람으로 공감하고

싶다면 커트 보니것의 『나라 없는 사람』을 읽어보자. 시종일관 미국 잡기다. 미국 지도자들을 '권력에 취한 침팬지'로, 중동에서 싸우다 죽어가는 미군 병사들을 '부잣집 아이가 크리스마스 선물로 받은 장난감 병사'로 정의한다. 이 사람, 왜 이렇게까지 자기 나라를 싫어할까? (보수 성향의 〈폭스TV〉는 그의 사망 소식을 '빨갱이 작가가 죽었다'라고 전했다.)

'이제는 안다, 우리의 한심한 미국이 인간적이고 이성적인 나라로 변할 가능성이 조금도 없다는 것을.'[5] 구제불능의 자식을 단념하는 듯한 이 문장은 **그러나**로 시작한다. 그러니까 사랑했다는 말이다. 사랑하니까, 자식이니까, 원래 이 정도는 아니었으니까 기다리고 기대했다는 것이다. 그러나 이제는 그만하겠다는 말이다.

'혹시나 알아채지 못한 독자들을 위해 설명하자면'을 시작으로 미국의 못 참아주겠는 면면들이 이어진다. 전쟁광, 공포 유발, 종교박해와 인종차별… 그다음 문장은 이렇다. '**그래서** 나는 나라 없는 사람이 되었다.'

'그들(권력자)이 증오하는 것이 있다면 그것은 현명한

---

5) 커트 보니것, 『나라 없는 사람』, 김한영, 문학동네, 2020년, 74쪽

사람이다. **그러니** 어떻게든 현명한 사람이 되어달라. 그래서 우리의 생명과 당신의 생명을 구하라."[6]

  나랏일 한다는 사람들이 뭐 하느라 여태 통일도 못 시켜놓고 나라 꼴도 이 지경으로 만들어 놓았는지는 우리도 생각해볼 일이지만, 민원인의 질책에도 '그러나, 그래서, 그러니'의 기저가 있기를 바란다. 자신의 눈앞에 실재하는 나라인 면서기에게 삿대질과 고성으로 불만을 표출하는 이들의 심정을 이해는 하지만, **그러나** 논리를 생략한 생떼와 상스러운 욕설은 사양하겠다. 업무적으로 잘못을 범하지 않은 공무원들이 그런 식으로 공직 자존심에 상해를 입는 것은 옳지 않다고 믿기 때문이다. **그래서** 이런 미미한 방식으로나마 부탁한다. **그러니** 면서기들에게 욕을 건네실 때는 한 번 더 고민해주시길. 그렇게까지 개차반은 아닐 수도 있다.

---

6) 커트 보니것, 『나라 없는 사람』, 김한영, 문학동네, 2020년, 88·94쪽

CHAPTER 02

그런데 말입니다

●묻는 공무원

 공무원이 되었을 때, 내가 정말 공무원이 되어버리면 어쩌나 걱정스러웠다. 같은 대답만 하는 사람, 원칙을 고수하는 게 직업인 사람, 새롭지 않은 사람. 그렇게 되지 말자 다짐했었다.
 '그런' 사람들만 가려 뽑진 않았을 텐데 공무원들은 왜 '그렇게' 되었을까? 이유를 알아야 전략을 세울 텐데 무엇부터 시작해야 하는지 알 수 없었다. 각오만 열심히 다졌지 결국 제자리였다. 공무원 선배들에게 공무원 싫다고 물을 수도 없는 노릇 아닌가.
 우왕좌왕하며 일 년, 이 년, 시간을 보내다 보니 어느 날, 나 역시 '그런' 공무원이 되어 있었다. 노력한 것도 아닌데 희한하게도 말이지.

 질문. 그게 없었다. 하라는 걸 하라는 방식으로 하라는 만큼만 했다. 다른 거(것도) 하면 안 돼요? 덜(더) 하면 안 돼요? 다른 식으로 해보면 안 돼요? 이런 질문을 내 안에서 꺼내지 못했다.

연차가 쌓이고서야 조금씩 묻기 시작했다. 다른 것, 다른 방식, 다른 만큼을 우선 나 자신에게 물었다. 일단 작은 것들부터 바꾸어보았다. 현수막 글씨체, 색깔, '자연부락'이라는 단어 대신 '자연마을'이라고 써보는 것 같은. 겨우 그런 걸 고민하나 싶을지도 모르겠지만 그조차 용납되지 않아 예전 하던 대로 돌려놔야 할 때도 있었다. 그럼에도 불구하고 "이건 진짜 아니야", "이상하지 않아?" 같은 답이 나오면 '이때야말로!' 하며 힘을 쥐보려 했다. 그런 경험이 쌓일수록 "덜 공무원 같다"는 칭찬인지 경고인지를 듣게 되었고, 어느 날엔가는 드디어 "넌 다른 일이 더 잘 맞을 것 같아"라는 말까지 듣게 되었다.

다른 사람들에게 묻고 싶지만 묻기 어려운 일들이 있다. 사회라는 구조 안에서 다수에게 익숙해져 있는 문제들이 특히 그렇다. 그럴수록 이런 질문들이 필요한 건 아닐까 싶다. '내가 택한 이 방향이 맞을까? 나는 왜 이런 생각을 하게 된 거지?' 스스로에게 던진 물음에 답하다

보면 대치 중인 '나'와 '문제' 모두를 좀 더 객관화할 수 있다.

하지만 사회인이라는 이름으로 살다보면 그런 생각을 해보는 것조차 벅찰 때가 있게 마련이고, 그럴 때마다 나는 책에 기대 답을 구해왔다. 나와 같은 고민을 한 누군가의 글을 읽으면 망설이던 용기가 힘을 얻는다. 헤르만 헤세의 『싯다르타』에서도 정확히 그러한 응원을 받았다. 인생의 궁극을 깨닫기 위해 평생을 구도했지만 결국 '내가 나를 안다는 착각'을 인지하는 것으로 돌아가야 했던 『싯다르타』를 읽으며 자신과의 대면이 결코 녹록지 않다는 것, 무언가가 관습이 되었을 땐 합당한 이유가 있을 수 있다는 것, 내가 틀렸을 수 있다는 것, 그럼에도 어떤 때에는 나를 믿어야 한다는 것에 대해 골똘한 시간을 가져보았다.

물론, 제대로 된 질문을 통해 나를 알게 되었다고 해서 그 끝이 모두 해피엔딩일 수는 없다. 질문을 건네기 전, 나를 마주하는 순간을 견뎌내는 것이 짐작보다 힘들 수도 있기 때문이다. 하지만 그 과정을 성실히 통과했을 때에야 나, 내 곁의 타인, 그와 나의 연결, 세상과 나의 연결까지도 볼 수 있다는 것만큼은 확실하다. 확실해서 이제 전과 같을 수 없다.

알고 있다. 일각이 급하고 사람이 힘들고 하루가 고된 데 문제가 생길 때마다 자신과 대화를 하라고? 이어질 헛웃음을 안다. 나 역시 묻지 않고 그저 따르는 매일을 살았다. 빈틈없이 채찍을 맞는 기분으로 열댓 시간을 일하고, 자는 것도 자지 않는 것도 아닌 네댓 시간을 보내는 매일을 살았다. 무얼 물을 수 있었겠는가.

하지만 이제는 다른 것을 안다. 그런 삶의 작은 틈에서 무엇이라도 물었다면 의심할 수 있었으리라. 어설프고 어색하더라도 묻고 응했다면, 용기 내어 그 과정을 겪어냈다면 스스로 잃은 것들을 지켜낼 수 있었으리라는 것을 이제는 안다.

스스로 묻고 생각할 줄 아는 사람은 위기에 닥쳐도 나름의 답을 찾을 수 있다고 믿고 싶다. 질문과 대답으로 소양과 내공이 단단한 삶, 새겨온 무늬가 겸손한 삶, 균형이 잘 잡힌 삶을 살고 싶다. 잠시 멈춰 묻기. 내 안에 있는 것들로 새로운 길을 내보기.

그래서 지금 어떤 공무원으로 살고 있느냐고? 여전히 그냥 공무원으로 살고 있다. "거봐, 너 다른 일 해야 된다니까"와 "너 진짜 꼰대 공무원이야"를 번갈아 들어가며. 경계를 다짐했던 푸릇한 마음을 아직 품고 있지만 그래봐야 다 소용없다는 소리도 종종해가며. 쓸데없는 질문과 아주 가끔 날카로운 질문을 던져가며. 여전히 소심하고 때로는 과감하게 답하며 살고 있다. 이게 맞겠지, 하다가 아닐지도 몰라, 하면서. 그래도 일과 나 자신이 불화한다는 기분은 많이 사라졌다. 어쩌면 나 자신과의 대화는 내게 생존의 기술일지도 모르겠다.

● 딱 보면 공무원

「국가공무원법」에 의해 공무원은 60세 정년을 보장받는다. 2006년 스물넷의 나이에 공무원이 되었을 때, 아직 멀고 먼 60세를 생각하면 세상 부러울 게 없었다. 이 무적의 철밥통을 차지하기 위해 포기했던 친구들과의 치맥과 카페에서의 독서와 훌쩍훌쩍 떠났던 여행을 모두 '정년 보장'으로 보상받았으니 역시 엄마 말 들어 손해 볼 것 없다.

전문가나 경력자를 공무원으로 채용하는 개방형 직위가 늘고 있다. 몇 해 전 기발한 사업들을 운영하던 지역에 찾아가 만나본 팀장님 역시 개방형 직위로 채용된 평생교육사였다. 실전 경험과 현장의 노하우를 지닌 전문가들의 창의적 발상과 도전정신은 관습적 사고와 작은 책상에 갇힌 공무원들의 한계를 보완하고 그에 대한 경계를 깨울 수 있다. 뉴노멀이라는 거창한 이름까지 가져오지 않더라도 이제 공무원의 선발유형은 더욱 다양해질 것이고, 공직자들은 새로운 역할을 요구받을 것이다.

유튜브에서 독서채널 〈겨울서점〉을 운영하는 김겨울의 『유튜브로 책 권하는 법』을 읽었다. 북튜버로 유명한 그는 문학을 전공한 것도, 책과 관련된 일을 해온 것도 아니다. 전공과 업을 잇지 않은 것은 전혀 놀랄 일이 아니지만 (경영학도였던 나는 교수님들의 가르침을 받들어 무사안일, 탁상행정, 구태의연의 공○○들에 공분했었다. 각성하라 공무○! 타도하자 ○무원!) 좋아하는 것을 좋아하니까 직업으로 삼은 그의 용기가 범상치 않다. 더구나 뼈대 갖춰진 조직의 구성원이 된 것도 아니고 수익 창출조차 미지수인 크리에이터라니. 엄마가 가라는 대로 학교 가고, 엄마가 하라는 대로 직장생활을 시작한 것이 인생 최고의 선택이었다고 확신하는 나로서는 '저는 위인전을 읽었습니다.'

그는 유튜버, 특히 북튜버를 꿈꾸는 이들에게 가이드가 될 수 있기를 바라는 마음으로 이 책을 썼으나 '저는 못하겠네요'의 피드백을 더 많이 받았다고 했다. 그럴 만하다. 이만큼 해야만 할 수 있는 거라면 쉽게 덤빌 일이 아니다.

좋은 채널을 꾸려가기 위한 그의 분투는 치밀하고 성실하다. 유튜브의 문법과 지향점, 정책과 알고리즘의 변화, 새로운 서비스 등을 면밀히 살핀다. 다른 채널에서는 어떤 방식으로 구독자와 소통하는지, 연령대에 따른 구독자들의 흥미와 반응이 어떻게 다른지, 비슷한 채널들의 비슷한 점과 다른 채널들의 다른 점을 분석한다. 보통의 직업인들과 마찬가지로 빠듯한 일정 안에서 만만치 않은 분량의 일을 해낸다.

직장생활이 아니니 갈등도 적을 것 같고, 좋아하는 일이니 힘들어도 즐겁게 할 수 있지 않을까도 싶지만 홀로 그 많은 걸 수행해야 하는 부담과 좋아하는 일이기에 만족스러운 퀄리티를 유지하고 싶은 마음, 가늠키 어려운 트렌드에 항상 촉을 세우고 있어야 할 그의 동분서주에 내가 다 피곤하다.

그에 비하면 나는 얼마나 속 편한 직업인인가! 하라는 대로 하고 하지 말라는 거 안 하면 월급을 받는다. 공시생들이여, 조금만 더 힘을 내시라!

한데 나는 이 지긋지긋한, 하지만 부정은 못 하겠는 공무원의 이미지와 헤어지고 싶다. 천지가 개벽해도 상관없이, 똑같은 표정으로 똑같은 일만을 주야장천 검정 회색 남색 옷만 입고 하는 사람들. 세상 제일 재미없는 사람들. 모든 게 고만고만한 사람들. 딱 보면 그냥 공무원 같아 보이는 사람들. 60세까지 뻔한 것만 뻔한 방법으로 반복하다 졸업한다 생각하면 가슴팍이 답답하다. 창피하다. 무능력 철밥통 소리도 그만 듣고 싶다. 확실한 원색의 옷을 기막히게 차려입고 화사한 표정과 씩씩한 몸짓으로 일하고 싶다. 예리한 통찰력으로 시대의 흐름을 감지해 사람들 뒤통수치는 굉장한 일들을 하고 싶다. 새로운 일을 벌였다가는 1번으로 감사받는다는 불문율 따위 코웃음 치는 공무원이고 싶다. 바뀌는 세상에 힘껏 뛰어들고 싶다. 공무원이어도 그런 직업생활을 하고 싶다. 왜 공무원이 되었냐는 질문에 정년보장, 연금보장이란 후진 대답 대신 가이드가 되길 바라는 마음으로 써보았다며 책 한 권을 내밀고 싶다. 그 책을 읽은 누군가가 "어휴, 저는 공무원 못 하겠네요" 해준다면 씰룩거리는 입꼬리를 감추지 못하리라.

● 세대 떼고 일하기

 83년생인 나는 MZ세대에 (다소 민망하게) 포함된다. 포함은 되는데 사실 나 좀 꼰대다. 이 바닥에 발 들여놓은 지도 어언 15년. 별수 없다.

 내 주변엔 나처럼 젊으나(아닐 수도 있다) 꼰대인 직원들이 여럿 있다. 윗세대를 이해하지 못하는 만큼 다음 세대에 적응하지 못하는 젊은 꼰대들. 하지만 우리도 한때는 달랐다. 조직에 대한 무조건적 순응과 보여주기 위한 일, 비합리적인 일에 충성을 요구하는 기성 공직자들에게 분노했었다. 우리는 저렇게 되지 말자고 결연했었다.

 이제 우리는 신규 직원들 대하기 어렵다는 고백을 서글피 나눈다. 구세대로의 편입을 인정하는 것 같아 그러고 싶지 않지만 비슷한 포인트에서 당황스러움을 공감한다. 임용식에서 선배 공무원이 준비한 작은 꽃다발에 "예산 낭비 아닌가요?" 지적하고, "주 52시간 근무는 보장되

나요?" 묻는, 간식을 다 차려놓으면 와서 "잘 먹겠습니다" 하는, 12월 24일과 31일에 휴가를 내는 새내기 공무원들을 대하려면 표정관리가 필요하다. 정말 인정하고 싶지 않지만, 이해 불가 분통 터졌던 고참 공무원들이 더 편하다. 맙소사.

『90년생이 온다』에 대한 나의 시선은 이렇게 바뀌었다. 별 책이 다 나오네 → 하긴, 나올 법도 하지 → 읽어봐야 할까 → 걔네나 나나 뭐? → 아냐, 아무래도….

저자 임홍택은 90년대생을 그들이 성장한 맥락과 함께 살펴보고 공략하자고 한다. 공략까지 할 마음은 없지만 나는 덜 당황하고 그들은 덜 불편해야 오래도록 같이 일하지 않겠는가. 읽어나 보자.

이른 나이에 팀장이 된 내게는 다른 세대에 대한 두려움도 크다. 공무원 시험의 연령 제한이 폐지되면서 70년대생 후배 직원들도 많은데 그들을 만나 내 역할을 잘 해낼 수 있을지 걱정이다. 50, 60년대생 선배 공무원은 예나 지금이나 동의하기 어려운 포인트가 많다. 왜 그런 식이어야 하는지 여전히 이해되지 않는다. 그럼 같은 80년대생은 편한가? 아니다. 아닐뿐더러 우리는 끼인 세대라고 한탄하지만 어느 세대인들?

솔직히 좀 이상하다는 생각도 든다. 사회 전반에서 두각을 보이기 시작한 새 세대를 인정하고 환영과 응원을 보내는 것은 바람직하지만 90년대생을 신산업의 소비재처럼 활용하는 것은 마뜩잖다. 90년대생을 기준으로 다른 세대가 변화하고 맞추어야 한다는 식의, 그렇게 하지 못하는 이는 꼰대라는 식의 강요도 동의하기 어렵다. 지난 시대에 필요했던 가치를 성실히 실현하며 살아온 지난 세대의 신념을 무조건 구식으로 밀어내고 놀림거리로 삼는 것에는 거부감마저 느낀다. 90년대생의 일부 습성을 프레임화해 그 세대 개개인에 씌워놓고 평가하는 폭력성도 싫다. 우리가 해야 할 일은 어느 한 세대만을 특정화해 소비하는 것이 아니라 각 세대가 살아낸 시절들을 참고하는 것, '세대'라는 집단에 개인을 가두어 면죄부를 주거나 단죄하는 게으름을 멈추는 것이다.

인간이 인간과 관계 맺어 살아간다는 것은 '그냥 어려운 일'이다. 자기 자신도 납득하기 어려울 때가 많은데 하물며 타인을, 그 많은 이들을 어떻게 다 이해할 수 있겠는가. 나 자신하고의 관계도 엉망인데? 내 안의 어느 한 조각쯤은 내가 아닌 것 같아 이질감을 느낄 때가 수두룩한데?

그러니 우리 너무 부담 갖지 말자. 모두와 잘 지내야 한다는, 모두에게 맞출 수 있는 사람이어야 한다는 강박을 버리자. 애당초 어려운 일이다. 서로 성숙한 사회인으로 인격적인 관계가 되어보자는 다짐 정도만 하자. 그리고 하나 더, 다른 이유가 아니라 단순히 나이가 적어서 혹은 많아서 부당한 경우를 당했다면 "여기서 나이 얘기가 왜 나옵니까?" 정색하고 묻자. 언짢은 표정이라도 짓자. 세대라는 틀 씌우기는 거절하자.

오늘 하루, 50년대생 면장님, 60년대생 부면장님, 70년대생 팀장님들, 80·90년대생 직원들과 한 공간에서 살았다. 잘 살았는지는 모르겠다. 그저 서로에게 조금 덜 불편하게 지낼 수 있으면 좋겠다는 생각으로 하루를 보냈다. 어느 세대건 그 정도는 할 수 있지 않을까? 아니어도 하자, 그 정도는.

뚝심을 박아드립니다

 직원 쓰레기 배출 유료화. 업무상 생산되는 쓰레기가 있으니 개인별 기본량을 주고, 초과분 쓰레기는 배출량에 따라 유료 부담. 이런 건의하면 아무래도 남은 공직생활 어렵겠지?

 쓰레기를 너무 많이 내놔서 그런다. 청소해주시는 분들에게 죄송할 정도로 더미를 이루고 내놓는 수준도 부끄럽다. 돈 내고 버리라면 이렇게까지는 아니지 않을까 싶어서.

 코앞의 난장도 해결하지 못하면서 나 아닌 것들을 염려하며 살기로 한 까닭은 내가 그 모두와 연결되어 있기 때문이다. 학대의 시절이 너무도 길었기 때문이다.

 우리 인간이 얼마나 막돼먹은 종족인지 일일이 나열하지는 않겠다. 미국에서만 매시간(매일이 아니다) 100만

마리의 동물이 고기가 되기 위해 도살된다든지, 지구 담수의 30%가 인간의 생존이 아니라 동물을 고기로 만들기 위해 쓰인다든지, 강간과 강제 출산으로 착취한 우유에 합법적으로 포함할 수 있는 젖소의 피고름 양을 규정해놓았다든지, 양식 연어에게 6kg의 항생제와 1kg의 기생충 퇴치제와 9kg의 마취제를 먹인다든지, 그렇게 풀려난 항생제들이 땅과 물에 스미어 미생물과 박테리아에 내성단련의 훈련 기회를 제공한다든지, 1996년 이후 미국 동부 해안의 50km^2 땅이 바닷속으로 사라졌는데 지구 인구의 1/4이 해변 100km 이내에 살고 있다든지, 나도 당신도 일주일에 200개쯤의 미세 플라스틱을 섭취하고 있다든지 뭐 그런.

끝도 없이 이을 수 있는 데이터들이 온전한 사실이어서 정말이지 나는 너무도 비참하다. 이 증거들이 역겹고 창피해 도망치고 싶다. 그래서 낯선 신념을 붙들고 바꿔보려 하는 것이다. 하지만 한편으로는 의심스럽다. 나 하나가 겨우 이만큼 하거나 하지 않는 것이 의미가 있을까? 내가 아끼고 유예하는 중에도 훨씬 많은 만큼이 소비되고 죽는데? 무력감과 조급함을 함께 느낀다.

"누군가 뭐라도 좀 해야 해."[7]

    지구에 유익한 인간으로 살고 싶지만 마음과 달리 나는 아직 '비겁'에서 자유롭지 못하다. 우리 같이 고기를 먹지 말자고, 불필요한 건 사지 말자고, 환경에 비도덕적인 기업을 보이콧하자고, 품을 들여 불편하자고 말하지 못하는 내가 비겁해 소침해져 있던 중 저 뚝심 있는 문장을 만난 것이다. 그 어떤 충격적 통계와 과학적 증명보다도 내 의심에 확실한 답을 준 문장. 네, 제가 뭐라도 좀 해볼게요.

    실패할 가능성을 과대평가하지 않는 것처럼, 성공할 수 있는 우리의 능력을 과소평가해서도 안 된다는 호프 자런의 말에 용기를 내고 싶다. 내가 아직 덜 여물어 '직원 쓰레기 배출 유료화'까지는 부담스럽고, 조금씩의 실천으로 지구 공동체를 지켜내자는 글을 모든 직원이 볼 수 있는 게시판에 올려볼 생각이다. 글은 짧고 단정해야 할 것이다. 한 번도 쓰이지 않은 글일 테니 고심하고 또 고심해야겠지. 단 몇 명만이라도 마음 흔들리면 좋겠다. 단 한 명만이라도 뭐라도 좀 해야겠다 다짐해주면 좋겠다.

---

[7] 호프 자런, 『나는 풍요로웠고, 지구는 달라졌다』, 김은령, 김영사, 2020년, 188쪽

그런 생각을 하는 오늘도 나는 핸드타월을 뽑아 쓰며 죄책감을 느낀다. 하루를 마친 밤, 뜨거운 물로 오래오래 샤워하고 싶은 마음이 굴뚝같다. 어쩌면 꼬부랑 노인이 되어서까지도 매일을 그렇게 흔들릴지도 모르겠다. 사탄님, 저한테 이러지 마세요.

덧붙임 2021년 지구의 날이 되어서야 용기를 냈다. "지금 우리는 지구 1.5개만큼의 자원과 에너지를 쓰고 있습니다. 어린 세대에게 양해도 용서도 구하지 않고 그들의 지구를 절반이나 가져와 쓰고 있습니다. 그래서 저는 핸드타월 대신 손수건을 써보려고 합니다. 불필요한 인쇄만 줄여도 나무와 숲과 지구를 살릴 수 있습니다." 전 직원에게 메신저 쪽지를 보냈다. 부담스럽게 읽히지 않게 하려고, 잘난 척으로 보이지 않게 하려고 얼마나 고민했는지 모른다. 다 써놓고도 '전송'을 클릭하지 못하고 한참을 망설이다가 에라, 모르겠다. 이게 맞는 거겠지.

● 불편해졌어

조류독감이 잡히지 않아 전 직원이 3교대 근무에 동원된 적이 있었다. 본래의 일이 쌓이는 것도 부담이었지만 지방행정은 다른 부서와 연계해야 하는 경우가 많은데 담당자가 없어 곤란해지기가 부지기수였다. 몸도 힘들었다. 꼬여버린 컨디션으로 간이초소와 사무실을 오가는 생활이 힘들었다. "그냥 직원 한 명당 닭 한 마리씩 사!" 작은 도시 이곳에서는 500마리, 딱 공직자 수만큼 닭을 키웠다.

구내식당에서 (조류독감에도 진짜 진짜 안전하다는) 삼계탕을 먹고 퇴근한 날, 네 살배기 작은 꼬마가 물었다. "그런데 어떤 소랑 어떤 돼지는 왜 고기가 됐어?"

『고기로 태어나서』는 아이가 아직은 읽지 않았으면 좋겠고, 언젠가는 꼭 읽었으면 하는 책이다. 노동 에세이를 쓰는 노동작가 한승태가 이번엔 영원히 멸종하지 않을 동물, 닭·돼지·개의 사육장을 찾아간다. 생물학적 우성이나 환경적응력 따위와는 상관없이 인간이 그들을 먹는다는 것, 그 하나로 불멸할 저들이 고기로 길러지는 곳이다. 자, 숨을 깊게 들이마셔라.

> "뱃속에 알이 몇 개나 더 남았을까?
> 이게 마지막이었으면…"[8]

 전자레인지만 한 케이지에 농구공만 한 닭 네 마리가 산다. 터지지 않기 때문이다. 깃털은 정수리와 등 위 몇 군데 듬성한 것이 전부. 고기로서의 가치가 없는 닭들은 목을 비틀어 숨을 끊는다. 빠르고 간단하게 다음, 다음. 갓 태어난 병아리는 밝은 레몬색인데 딱 레몬만 하다. 삐약거리며 동전만 한 날개를 파닥거린다. 좋은 고기로 자라지 못할 병아리들은 사람들이 양손 가득 잡아채 포대에 던진다. 산 채 눌려 담긴 병아리들은 쓰지 못할 달걀들과 함께 분쇄된다. 걸러지지 않은 레몬들은 씩씩하게 자라 케이지에 들어간다.

---

8) 황선미, 『마당을 나온 암탉』

돼지도 마찬가지다. 새끼를 낳는 용도로만 삶이 허락된 (누가 누구에게 무얼 허락할 수 있는 건지는 모르겠지만) 모돈은 고개조차 돌릴 수 없는 비좁은 케이지에서 일생을 산다. 분만하러 오갈 때만 그곳에서 나와 (고개도 못 돌리니 꼬리를 잡고 뒤로 빼내야 한다) 땅을 밟을 수 있는데 작가가 일한 농장의 경우 축사와 분만실의 거리는 10분이 걸리지 않는다. 출산 주기를 1년에 2회로 보았을 때 모돈은 1년에 40분 케이지 밖으로 나올 수 있다.

개는 짬을 먹는다. 음식찌꺼기와 플라스틱, 유리, 쓰레기들이 뒤섞인 짬을 먹고 고기로서 가장 좋은 무게가 되어야 한다. 적게 나가면 죽어야 하고 많이 나가면 쓰레기를 먹지 못한다. 평생을 케이지 철망 안에 서 있기 때문에 발바닥이 파이고 곪는데도 땅에 내려주면 온 힘을 다해 저항하며 꼼짝 않는다. 땅을 걷는 건 죽으러 갈 때뿐이니까. 전기충격기로 한 번에 죽기도 하고 높은 곳에 목매달려 몸부림치다 죽기도 한다.

책을 다 읽어내는 것조차 용기가 필요했다. 그만 읽을까 몇 번을 망설였다. 실재하는 인간의 잔혹함을 직시하는 게 괴로웠다.

두 달 뒤 나는 채식주의자가 되었다. 알아버렸기 때문이다. 스무 해를 살 수 있었으나 단 한 달만을 살아야 하는 생명들이 있다는 것, 숨을 쉬어야 할 목이 사람 손에 비틀어지고 딛고 설 다리가 있으나 죽음으로 끌려갈 때만 땅을 밟을 수 있는 동물이 있다는 것을. 그리하여 이제 나는, 몹시 불편하다.

많은 사람들이 불편하면 좋겠다. 불편해 죽겠다는 괴성이 곳곳에서 쏟아져 나오면 좋겠다. 개인도 조직도 언론도 의회도 정부도 바꾸지 않고는 못 배길 만큼 세차게 불편들 하면 좋겠다. 그 시급한 변화에 나 역시 작은 몫이라도 하고 싶다. 그래서 나는 건강하기로 했다. 저항하는 사람은 씩씩하고 튼튼해야 하니까.

덧붙임 고백한다. 큰 꼬마가 학교에서 배운 대로 동물복지 달걀을 사야 한다고 고집했을 때 배가 넘는 가격을 보고 앞으로는 녀석을 데려오지 않겠다고 다짐했었다.
2019년 우리나라 육계농장 중 동물복지 인증 농장은 5.9%뿐이다. 언젠가 복지 인증 농장주가 너무 힘이 들어 권하질 못하겠다고, 말리고 싶다고 고백한 기사를 읽고 마음이 급해졌었다. 그래, 다른 걸 덜 사고 비싼 달걀을 사자. 꼬마들 대동해서 멋진 모습을 보여주자. 그런 게 사교육이지 뭐. 이 정도 사교육비, 멋지게 돈 쓰겠어.

● 채밍아웃

 직장생활 중 무엇이 가장 어렵던가요, 하고 물어주신다면 "점심이요" 답하겠다. 나는 혀치다. 음식에 관심도 없거니와 짜다, 달다, 맵다만 감지할 수 있다. 알약 하나로 1년씩은 먹지 않아도 되길 바라는 사람이다. 그러니 제발 내게 점심 메뉴를 묻지 말아달라.

 (그래서인 것도 같긴 한데) 나는 우리 시청 구내식당에 큰 불만이 없다. 그날의 메뉴를 알맞은 양으로 담아와 남기지 않고 먹으면 되고 조미료를 사용하지 않아 오후시간이 편하다. 반면 메뉴에 민감한 직원들은 고기반찬이 나오는 날에야 '괜찮았어' 또는 '먹을 만했어'의 평점을 준다. 간혹 '씹을 만했어'도.

 한승태 작가의 『고기로 태어나서』를 읽고 내내 불편했던 '무언가'를 굳히기 위해 『아무튼, 비건』을 이어 읽었다.

"이야기는 간단하다. 나는 어느 날 무언가를 보았고, 알게 되었고, 이래서는 안 되겠다 싶어서 변화를 시도했다. 시도의 결과는 좋았고, 시간이 갈수록 더 좋았고, 그러다 보니 이제 다른 사람들과 나누고 싶어졌다. 이게 다다."[9]

김한민 작가는 우리가 소비하는 동물성 식품에 대해 일곱 가지의 진실(사실은 악)을 짧고 쉽게 설명한다. 잔인함, 오염, 탄소 배출, 훼손, 리스크, 병, 양심 마비.

소고기 1kg을 얻기 위해서는 1만 5천 리터의 물이 필요하다. 비행기, 자동차 등 모든 교통수단에서 만들어지는 탄소(13%)보다 축산업이 배출하는 탄소(18%)가 더 많다. 1~2초마다 축구장 넓이의 산림이, 매년 이탈리아만 한 크기의 산림이 없어지는데 거의 가축 먹이를 재배하기 위해서다. 미국 전체 항생제 판매량의 80%가 축산업에 쓰인다. 육류에 들어 있는 발암물질 벤조피렌은 숯불고기 1kg에 담배 6백 개비 분량만큼이, 돼지고기 한 점에는 다이옥신이 담배 1갑 분량만큼 나온다. 햄버거 한 개를 먹는 것은 자동차로 515km(서울-부산)를 운전하는

---

9) 김한민, 『아무튼, 비건』, 위고, 2020년, 25쪽

것에 버금갈 정도로 환경에 나쁘다. 지구생태발자국네트워크(GFN)의 계산에 따르면 한국 도시인들의 평균적인 생활 방식을 유지하려면 지구가 3.3개 필요하다.

며칠 전, "비도 오는데 뜨끈하게 샤부샤부 먹으러 갈까요?" 직원이 물어왔다. 이런 상황을 매일 겪어야 한다면 직장생활을 하며 채식은 불가능하다. 도시락을 매일 싸오기도 어렵고, '나 채식해' 말해버리면 팀원들은 환장할 노릇일 것이다. 어느 식당을, 어느 메뉴를 매일 골라 먹을 수 있겠는가. 샤부샤부 식당에 채식 단품 메뉴 하나가 있었다면 오붓한 점심을 먹을 수 있었을까? 그날 점심 나는 그냥 차에서 잤다.

우리는 세상을 이루는 많은 것들을 통해야만 살아갈 수 있는 존재이다. 작가 역시 비건이라는 개념이 인간의 육체와 영혼, 자연의 건강 모두를 아우른다고 말한다. 몸과 마음, 자아와 타자, 나와 환경의 균형을 잘 맞춘 건강이 아름다운 것이라고.

생명을 해하고 얻은 (그런 것을 '음식'이라 해도 된다면)

음식을 입안에 넣어 씹고 삼켜 내 몸을 이루는 것이 말할 수 없이 불편하다. 목구멍을 타고 내려가 위벽에 흡수되어 온몸의 구석과 영혼에까지 스미는 것이 원망일 것 같아 두렵다.

지구가 인간을 참아줄 수 있는 1.5℃의 기온 상승 중 이제 1℃만이 남았다. 봄이면 분분한 꽃비에 황홀하고, 여름이면 초록 숲을 걷고, 가을이면 맑은 별을 원 없이 올려보고, 겨울이면 함박눈에 모두가 아이가 되는 경이를 지켜내야 한다. 어린 세대에게 빼앗은 몫 대신 산불과 홍수와 폭염과 전염병을 그들의 삶에 심는 것을 멈추지 못하는 탐욕을 어찌해야 하는 건지 울음이 인다. 모두가 아름답게 건강하게 안녕할 수 있다면 오롯이 그 길에 서야 맞는 게 아닐까?

덧붙임 2021년 나는 이렇게 채식을 하고 있다.
- 고기는 전혀 먹지 않는다. 이상하리만큼 먹고 싶지가 않다. 치맥조차! 천만다행.
- 생선은 먹어야 하는 상황이면 조금 먹는다. 한데 전보다 훨씬 비리고 삼키는 기분이 영 좋지 않다. 곧 끊겠다 싶다.
- 우유, 유제품, 아이스크림도 먹지 않는다. 가끔 카푸치노가 아쉽긴 하다.

- 성분표시에 고기분말이 들어 있으면 먹지 않는다. 먹을 수 있는 과자가 별로 없다. 콘칲 마저!
- 달걀은 동물복지 달걀만 먹는다. 좀 비싸긴 하지만 식비가 그보다 훨씬 줄었으니 괜찮다.
- 그냥 채밍아웃 하고 다닌다.

잘 지내지 못한 그에게

 스물넷, 공무원이 되었다. 설레기도 했지만 걱정스럽기도 했다. 이렇다 할 사회경험도 없었고 조직생활에 관해서는 귀동냥으로조차 선행학습을 하지 못한 채 공직사회에 뛰어들었다. 미숙하고 어리숙했으나 무엇이든 잘 해내고 싶었다.

 정말 창피한 고백인데, 나는 내가 직장에서 모든 사람과 잘 지낼 거라 생각했다. 물론, 당연하게도, 아니었고. 내 마음대로 할 수 있는 건 그저 플러스펜과 모나미펜 중 무얼 쓸까 정도였고, 마음의 합이 맞는지 아닌지는 가늠해 볼 겨를도 없었으며, 불편한 사람이니 피해 보자는 계산은 불가했다. 이미 자리 잡고 있던 이들은 새로이 합석한 신규를 관찰, 호의, 경계, 평가 따위의 방식으로 대면했다. 일은 많지 않았지만 그 방식들을 통과하는 것만으로도 퇴근길에는 녹초가 되어 있었다.

6개월의 경력을 겨우 채웠을 즈음 신규 직원이 왔다. 바뀐 업무를 익히고 장기 병가를 낸 직원의 일까지 받아야 하는 벌집 같은 매일이었지만 처음 맞는 후배 공무원이 얼마나 반갑던지.

  나보다 두 살이 많았던 그와 나는 잘 지내지 못했다. 그는 종일 뚱한 표정이었고, 말을 걸면 네, 아뇨 짧은 대답만 뚝뚝하게 돌아왔다. 자리 비운 직원의 전화를 당겨 받는 것도, 손님에게 차를 내는 것도 꺼리는 것 같았다. 그런 일들이 그의 몫이라고는 생각하지 않았지만 내가 일곱 번을 하면 당신도 세 번은 해야 하는 거 아닌가 원망이 생기기 시작했다. 늘 불만을 담고 있는 듯한 표정도 거슬렸다. 대화 의사 없다는 노골적 표현도 불쾌했다. 나 역시 당신이 탐탁지 않다는 반감을 전하고 싶어 빈자리의 전화가 울리면 들으라는 듯 큰 소리로 받았고, 손님에게 커피를 내고 돌아와서는 거칠게 자리에 앉았다. 직장생활을 왜 이렇게 해? 극도로 미워했다가도 사람을 미워하고 있다는 죄책감에 괴로워하기도 했다. 나 자신이 미치광이 같았고 빨리 이 직원과 헤어지고 싶었다.

  몇 년의 시간이 흐르는 동안 여러 번 부서가 바뀌고 제각각의 사람들과 관계를 맺었다. 잘 해낸 적도 있었고 실패한 적도 많았다. 그러다 그와 다시 만났고, 그는 곧 다른 기관으로 직장을 옮긴다고 했다. 그 사이의 세월이 나를 변화시킨 때문인지는 모르겠지만 전처럼 그가 밉지 않았고 예전의 날 세웠던 마음이 내내 불편했기에 용기 내 말을 붙였다. "전에 우리 같이 있을 때, 그땐 나도 신규였고 어리기도 했고 제 코앞이 부담이었어요. 우리 둘 다 미숙했던 것 같아요. 제가 불편하게 한 부분 다 털고 가세요. 미안했습니다." 그는, 대답하지 않았다.

그때는 나도 정말 힘이 들었다고, 밤이 내린 사무실에 홀로 남아 복사기에 엉킨 서류를 잡아 빼며 화에 받친 울음을 울었다고, 종일 휘둘린 영혼으로 빨간불 켜진 대로를 질주하는 퇴근길이었다고, 나도 신규였다고 항변하고 싶었다. 당신은 어떤 노력을 했느냐고.

> "용서해주는 것, 서툴렀던 어제의 나와 그 사람에게
> 더 이상 책임을 묻지 않는 것. (…) 우리는 돌아왔고
> 여전한 부끄러움을 느끼지만 힘들다면 잠시 시선을 비껴서
> 서로를 견뎌주는 것만으로도 많은 것을 되돌릴 수가 있다."[10]

---
10) 김금희, 『사랑 밖의 모든 말들』, 문학동네, 2020년, 117쪽

김금희 작가의 『사랑 밖의 모든 말들』을 읽으며 하필 나를 만나 그의 공직 시작이 엉망이었을 수도 있겠다는 생각을 했다. 낯선 곳에 앉아 무얼 해야 하는지 눈치를 살피는 것조차 어려웠을 것이다. 원래 말이 없는 사람이었을 것이고 울리는 전화를 받아도 대답할 수 있는 게 적어 곤란했을 것이다. 믹스커피 드시겠냐며 손님을 맞는 것이 부끄러웠을 수도 있다. 원망 담긴 나의 뉘앙스들이 퇴근길의 그를 녹초로 만들었을 것이다.

 지금도 나는 서툴다. 이해하기 어려운 사람, 이해하고 싶지 않은 사람들과 일을 하고 나 역시 다른 이들에게 그런 사람일 것이다. 그렇게 관계하는 것이 어려워 홀로 할 수 있는 일, 표정도 대화도 필요하지 않은 일, 그래서 누구도 미워하지 않고 누구에게도 미움받지 않을 수 있는 직업을 꿈꾸며 로또를 산다.

 하지만 전만큼 사람이 밉지가 않다. 덜 미워해서 덜 괴롭다. 내가 괜찮은 사람으로 자랐기 때문은 아닌 것 같고 그저 세월의 덕분이 아닐까 생각한다. 어쩌면 조금 빗긴 시선으로 당신과 나를 바라볼 수 있게 되었는지도. 혹 내가 서툴러 당신을 어렵게 했다면 미안하게 되었다. 이 말을 하고 싶었다.

● 잘못된 충실

 "나는 세상에서 엄마가 제일 좋아. 엄마도 내가 제일 좋아?" 그럼, 하고 대답하려는데 옆에 있던 남편이 먼저 답한다. "아닐걸." "그럼 아빠?" "그것도 아닐걸." "그럼 누구? 엄마는 누굴 좋아하는데?" "네 엄마는 자기 자신을 제일 좋아해." 망연해하던 아이의 표정이 아직도 아프다.

 그때 나는 시청에서 장학사업, 학교교육, 평생교육, 마을교육 등의 업무를 맡고 있었다. 아침 6시 20분에 사무실에 도착해 저녁이 되면 양손에 서류 상자를 들고 퇴근했다. 4시에 일어나 상자를 열었고 정말 바쁠 땐 2시에도 일어났다. 주말은 전화응대 없이 일할 수 있는 근무일이었다. 그렇게 사는 와중에 또 이런 일들도 했다. 아침마다 자전거를 타거나 수영을 했다. 책을 읽고 서평을 썼다. 술을 마셨다. 영어공부를 했다. 산에 다녔다. 밤이 오면 꼬마들에게 책을 읽어주었다. 우쿨렐레를 치고 여행을 다녔다. 완벽하게.

  직원들도 가족들도 내게 지독하다고 했다. 돌아보니 좀 징그럽기는 하다. 하여간 부지런히 살기는 했는데, '그런데 왜?'라고 묻는다면 글쎄, 정말 왜 그랬을까?

  열심히 사는 거라고 착각했었다. 착각해서 나는 가족에게 늘 부재중인 사람이었다. 꼬마들도 남편도 부모님도 그 귀한 세월을 나를 기다리는 데 버렸다. 사무실에서는 조마조마한 사람이었다. 저저 저러다 병나지, 직원들이 불안해했다. 나 자신에게는 엄격한 사람이었다. 할 수 있는 만큼 완벽해야 했으니 외줄에 올라탄 사람처럼 집중과 긴장으로 살았다.

  그렇게 살아서 무엇을 얻었는가. 우리 시市 역사상 최연소 나이로 6급 승진을 했고 팀장 보직을 받았다. 하지만 그런 걸 염두에 두어 그렇게 산 것은 아니다. 계산하지 않았고 아첨하지 않았다. 공무원들은 매년 정해진 교육시간을 채워야 승진이 가능한데 승진 순위에 들었음에도 이조차 해놓지 않았다. 하지만 어쨌거나 열심히 일했고 분에 넘치는 보상을 받았다.

그런데 결국 터져버린 것이다. 우울증, 공황장애, 광장공포증, 사회불안증 같은, 이름만 다를 뿐 내내 한 덩어리로 비정상적인 것들이 한꺼번에 터져 나왔다. 더는 어려웠다. 한 쪽짜리 보고서를 쓰는 데에도 하루가 걸렸고 사람들과 눈을 맞추는 게 고통스러워 바닥만 보고 걸었다. 사람들의 말소리가 변형되었고 숨이 쉬어지지 않았다. 온몸의 혈관이 일순간 빨려 나가는 듯한 기괴한 경험이 자꾸만 찾아왔다. 무서웠다.

 프랑스 작가 델핀 드 비강의 『충실한 마음』에 등장하는 인물들도 열심히 사는 중이다. 소년 테오는 이혼한 엄마에게도 아빠에게도 충실하고 싶다. 유기된 자신을 가여워하는 대신 두 사람이 만족하길 바라며 연극 하듯 자신을 보여준다. 마티스는 테오에게 충실하고 싶다. 친구를 잃는 것이 두려워 해보지 않은 거짓말을 하고 부모를 속인다. 아버지의 폭력으로 어린 시절을 공포로 보내야 했던 교사 엘렌은 의심쩍은 테오에게 집착한다. 구해주어야 한다는 생각에 충실하다. 마티스의 엄마 세실은 남편에게 충실하다. 사회적 계급이 낮은 자신과 결혼해주었으니 말투도 옷차림도 표정도 그가 원하는 대로 살아줄 수 있다.

이들은 분명 열심히 살고 있지만 그 생이 옳은지 그른지는 당사자로부터 한 걸음 떨어진 이들에게만 보인다. 아마도 그들은 자신이 산 세월을 멀리 지났을 때에야 볼 수 있을 것이다. 어쩌면 나처럼 소중한 이들에게 무자비한 약탈을 가한 후에나 보일지도.

무엇을 위해 어떤 것에 충실히 살고 있는지, 그래서 도출된 +와 -가 무언지를 정기적으로 피드백해주는 장치가 있다면 얼마나 좋을까. 그런 게 있었다면 꼬마들을 덜 기다리게 하고, 부모님의 가슴에 아픈 주름을 덜 그을 수 있었을까. 비정상이라는 낙인을 스스로에게 새기는 일이 없었을까.

지금 나는 조금 다른 생활을 한다. 여전히 아침운동을 하지만 몸이 무거운 날에는 거르기도 한다. 매일 책을 읽지만 별로였던 책은 서평을 쓰지 않는다. 더 이상 서류 상자를 집으로 들고 가지 않는다. 밤이 오면 의무감 대신 꼬마들과 똑같은 설렘으로 모험 가득한 책을 읽고 아침이 오면 아직 어린 무릎을 주무르며 하루를 시작한다. "엄마"라는 부름을 "왜"라는 짜증으로 돌려보내지 않고 나의 엄마가 내게 했듯 "응"이라 답하려 노력한다. 매일

밤 항불안제와 항우울제, 신경안정제를 몇 알씩 삼키는 게 참을 수 없이 지겹지만 술을 참고 약을 먹는다. 일주일에 한 번씩 지독한 심정으로 병원에 다녔고 얼마 전 드디어 "4주 뒤에 오시죠" 소리를 들었다.

> "어른이 된다는 게 고작 이런 거구나.
> 잃어버린 것들과 잘못 끼운 첫 단추를 손보는 것.
> 그리고 우리가 어렸을 때 했던 약속들을 지키는 것."[11]

제시간에 퇴근해 아이들과 저녁을 먹고 배드민턴을 쳤다. 깔깔대며 박장대소하는 녀석들의 천진함이 아직 아물지 못한 상처를 불러낸다. 샤워를 마친 아이들의 살 냄새를 맡으며 사과하고 약속한다. 다시 잘못 충실하지 않을게.

---

11) 델핀 드 비강, 『충실한 마음』, 윤석헌, 레모, 2020년, 168쪽

● 사망신고를 처리하며 생生을 생각하다

 '가족관계 등록' 업무를 맡고 있다. 그동안 아버지, 시아버지, 남편 등 가부장을 중심으로 가족 구성원을 관리했던 호주제를 폐지하고 2008년, 출생 혼인 사망 등의 기록을 국민 개개인별로 관리하는 가족관계 등록 제도가 시행되었다. 언제 어디에서 누구의 자녀로 태어나, 누구와 혼인 이혼을 하거나 하지 않고, 누구를 출산 입양 파양을 하거나 하지 않고, 사망하였는지를 기록하고 수정하는 일이다.

 이제 막 태어난 아이의 가족관계등록부를 새로이 만들 때는 깨끗한 백지에 아이 이름 석 자를 반듯하게 적어 넣는 것 같아 기분이 좋다. 축복을 담아 한 글자 한 글자 입력한다. 반면 세상을 떠난 이의 사망신고를 수리하며 '폐쇄'를 선택해 저장하는 마음은 아무래도 좋지가 않다.

출생부터 사망까지 각종 신고가 들어오면 필요한 정보만을 보고 입력한다. 혼인 외의 출생, 나이 차가 큰 혼인, 재판 서류가 딸린 이혼, 이른 나이의 사망처럼 사연이 궁금해지는 경우도 있지만 필요한 만큼을 넘어서까지 들춰보지는 않는다. 그것이 공무원으로서의 예의라 생각하기 때문이다.

하지만 매월 초가 되면 인구 동향 통계를 위해 지난달 처리한 사건들을 세세히 입력해야 한다. 몇 주 며칠 만에 몇 킬로그램으로 태어났는지, 초혼인지 이혼 후 재혼인지, 초졸인지 대학원 이상인지, 관리직인지 단순노무직인지 같은 것들을 입력할 때면 '그래, 국가 차원에서 필요하겠지' 하면서도 미안한 마음이 든다. 사망 건은 사인도 입력한다. 직접사인이 무엇이었는지, 왜 그 사인이 발생하였는지 같은 것들. 사망의 종류가 '외인사'라면 사고의 종류까지 봐야 한다. 지난달에는 중독도 있었고, 추락도 있었고, 목맴도 있었다. 그런 경우는 의도성 여부도 입력한다. 비의도적 사고였는지, 자살이었는지, 타살이었는지, 미상인지.

『떠난 후에 남겨진 것들』은 유품정리사 김새별, 전애원

씨가 일하며 겪고 생각한 것들을 기록한 책이다.

아직 죽음의 무게가 남은 현장에서 그들은 살아 있던 망자를 생각한다. 고독사 현장에 서서 떠난 그이가 얼마나 고독하게 죽었는가가 아니라 얼마나 고독하게 살았는가를 생각한다.

2020년 12월을 기준으로 전국의 장기 거주불명자가 40만 5천 명에 달한다. 수년간 행방이 확인되지 않은 이들이다. 지난주, 이들 중 스물여섯 명을 내 손으로 주민등록 말소 처리를 했다. 이들은 다 어디로 갔을까? 118세 유남 할머니, 108세 금자 할머니는 사망신고 해줄 이조차 곁에 없었던 걸까? 그럼 63세 대선 아저씨는? 47세 영미 씨는? 31세 재혁 씨는? 이들은 지금, 어디에 있을까?

2018년 영국 정부가 외로움부를 신설한 데 이어 최근 일본에서도 고독 담당 장관을 임명했다는 신문기사를 읽었다. 우리나라 역시 호전되지 않는 경제불황과 극으로 치닫는 자본주의 이데올로기를 살며 홀로 생을 놓아버리는 이들이 늘어만 가니 마음 아프다.

살아 있어 줘서 고마워. 우리의 그 마음이 누군가를 죽음으로부터 지켜낼 수 있다면 우리, 힘껏 사랑하지 않을 이유가 있을까? 살아 있어 줘서 이렇게나 든든한데 그 마음, 자꾸만 고백하지 말아야 하는 이유가? 한 번 더 눈을 맞추고, 슬쩍 어깨에 팔을 두르는 것으로 누군가를 살게 할 수 있다. "그때 우리 같이 먹었던 떡볶이 기억나?" 뜬금없는 메시지를 보내고, "그냥. 잘 사나 해서" 전화 너머 목소리를 듣는 잠깐의 연결로도 누군가를 살게끔 할 수 있다. 우리 또한 그들이 보내는 고마운 마음의 시그널들을 온몸 활짝 열어 감각한다면 그 든든한 마음으로 살아낼 수 있을 것이다.

책에 인용된 문장, '생명生命이라는 말의 뜻이 살아 있으라는 명령'[12]이라는 단순함을 내 사랑하는 이들을 위해 믿고 싶다.

---

12) 공지영, 『우리들의 행복한 시간』, 오픈하우스, 2014년, 182쪽

● 묘수를 찾아라

 올해 1월, 면사무소로 발령이 났다. 인사이동으로 자리를 옮기면 '내 자리 만들기' 작업부터 한다. 책상을 비우고 묵은 먼지들을 닦아내고 내 물건들을 내 마음에 드는 위치에 둔다. 내 키에 편하게 의자 높이를 맞추고 내 방식대로 컴퓨터의 바탕화면과 폴더를 정리한다. 이쯤에서 멈추면 좋았을 것을 탕비실을 거쳐 지하 창고까지 진입하게 되었는데…, 맙소사.

 그건 정말 똥이었다. 내가 보고 있는 게 설마 똥일까 의심했지만 똥이었다. 아니 누가 면사무소 지하에 똥을 눈단 말인가. 지하라고는 해도 1층에서 계단 몇 개만 내려가면 되는 곳이니 낮에는 있을 수 없는 일이다. 그렇다면 면사무소 문을 닫기 전에 누군가 잠입해 있다 밤새 머무는 건가? 그나저나 참 예쁘게도 싸놨다. 소담스럽기도 하지.

 "누가 면사무소에 똥을 쌌어요!" 직원들이 출근하길 기다려 나의 대발견을 알렸다. "똥을요? 아, 고양이일 거예요." 겨울 날씨가 추워지자 고양이 한 마리가 자꾸 들어온다고, 얼마 전에도 지하실에 있던 녀석을 간신히 내보냈는데 또 들어왔나 보라고. 그래, 고양이라면 그렇게 예쁘게 싸놓을 것도 같다.

고양이라면 나쓰메 소세키의 『나는 고양이로소이다』를 떠올리지 않을 수 없다. 주인공 고양이는 그 자신의 말에 따르면 이미 진화의 극에 달했으며 중학교 3학년생의 지능을 갖추었다. 인간종을 한 수 아래로 내려다보시고 가끔은 애처로이 여겨주시기까지.

> "합당한 데도 권리가 저쪽에 있는 경우,
> 두말 않고 복종을 할 것인가 권력의 틈새를 이용하여
> 내 쪽의 논리를 관철할 것인가?"[13]

7년 전 반복해 읽었던 문장이다. 다시 읽는 지금도 쉬이 페이지를 넘기지 못하고 있으니 저 물음은 내게 오랜 질문이다.

---
13) 나쓰메 소세키, 『나는 고양이로소이다』, 김난주, 열린책들, 2015년, 149쪽

「국가공무원법」과 「지방공무원법」은 열두 가지 '공무원의 의무'를 규정하고 있다. 성실의 의무, 비밀 엄수의 의무 같은 것들인데 그중 복종의 의무—공무원은 소속 상관의 직무상 명령에 복종하여야 한다—가 두 번째 자리에 올려 있으니 공무원에게 복종은 꽤 무겁게 요구되는 의무사항이다.

문제는 삼권분립이다. 우리나라는 1995년 지방선거 시행 이래 시장, 군수로 선출된 자가 공무원의 인사권을 갖는다. 정치인이 행정의 수장이 되는 것이다. 公을 위한 일을 해보겠다는 나름의 자부심을 가지고 공무원이 되었건만 정치 앞에 무력한 행정의 낯을 보게 될 때가 너무나도 많았다. 이건 정말 아니지 않나요? 묻고 싶었지만 할 수 있는 건 상관이 가리키는 방향으로 가는 것뿐이었다. 정치의 굴복자가 된 날은 퇴근하는 차 안에서, 샤워를 하면서, 잠들기 전에 '이건 진짜 아닌데' 혼잣말을 했다. 쌍욕을 할 때도 있었(많았)다.

그래도 나 홀로 위안을 삼자면 공직자로서의 경력이 쌓여가면서 나름의 잔꾀를 부려보게 된다는 것이다. 어린이 공무원이었을 때는 꿍얼거리면서도 가라는 곳으로 바로 갔지만 청년 공무원쯤 된 지금은 일단 상황을 조감해보려 한다. '요렇게 저렇게 틀어서 이쪽으로 끌고 가면 되는 거 아닐까?' 기막히게 티 안 나는 묘수를 찾아내려 머리를 써본다.

 물론 여전히 어렵다. 욱하지 않고 대응할 수 있는 고매한 인품은 아직도 너무나 멀다. 어처구니없는 지시들을 똘똘히 처리할 수 있는 지혜는 퇴직 전에 가져볼 수나 있는 건지 모르겠다. 면사무소에 똥 싸시는 고양이에게 조언을 좀 구해볼까?
 하지만, 그렇지만, 미미할지언정 옳은 쪽으로 움직여왔으니 그런 잔꾀라도 부려볼 수 있는 것 아니겠느냐고 스스로를 격려해본다. 계속해 묻고 요리조리 답을 찾다 보면 나도 언젠가는 고양이의 식견에 닿을 수 있는 날이 오지 않을까?

 아, 주인공 고양이 님의 이 한 말씀만큼은 꼭 남겨두어야겠다. 그분께서 말씀하시길, "본디 연애란 우주적인 활력이다"[14] 캬!

---

14) 나쓰메 소세키, 『나는 고양이로소이다』, 김난주, 열린책들, 2015년, 182쪽

● 권력에 대한 예의

(나) "이 짜식이, 너 내가 얼마나 무서운 사람인지 알아?"

(꼬마) "못생긴 사람이겠지."

(나) "야! 나 무서운 사람이야! 밖에서 사람들이 나를 얼마나 어려워하는지 알아?"

(남편) "그렇지. 사람들이 안 좋아하지. '이지랄' 유명하지."

(꼬마) "아구, 그래쪄요? 무서운 사람이에요? 아고 무서워라."

식구들에게 인정받으며 상황 종료. 흠….

종종 행사나 회의를 진행하는데 그런 날은 극도로 예민해진다. 실수? 그런 거 하지 말자. 나, '이지랄'이다.

행사 사진을 찍어두면 보도자료를 낼 때는 물론이고 다음 차례나 유사한 경우를 준비할 때 많은 도움이 된다.

몇 해 전, 장학증서 수여식을 무사히 마친 뒤 사진을 살펴보는데 맙소사, 이런 표정이었다니. 권위적이고 사무적이고, 그러니까 정말 재수 없는 공무원. 축하의 자리에서 학생과 학부모들의 눈에 얼마나 거슬렸을까. 내 딴에는 무사고 행사를 위해 집중하다 보니 그리되었지만 그따위 고압적인 모습이었을 거라면 차라리 인상 좋은 누군가에게 부탁하고 뒤로 빠져 있는 게 나았을지도 모르겠다.

 몇 년이 지나 사회복지협의체 회의에 참석했다. 복지정책으로부터 소외된 이웃들을 찾아 목욕봉사와 반찬제공 등의 활동을 하시는 50·60대의 위원들과 함께였다. 그날 저녁 담당자가 회의 사진을 보내줬다. 사진 구석에 젊은 공무원이 있었는데 맙소사, 몇 년 전 그 재수 없는 얼굴이었다. 레벨이 더 높아진 것도 같았다. 회의자료를 보고 있는 그 최연소자는 최고권력자의 얼굴을 하고 있었다. 다초점 안경을 쓰고 있어 더 그래 보였다(이렇게라도 참담함을…). 사진을 본 동생은 "뭐야 이게 정말" 제부는 "채용면접 보는 거 같은데?"라고 평해줬다. 같이 계셨던 어른들의 눈에 내가 어떻게 보였을까. 짐작해보는 것조차 속이 아프다.

'중앙일보의 송곳'으로 불리는 저널리스트 권석천이 던진 질문,『사람에 대한 예의』를 읽었다. 양심을 잃으면 모든 걸 잃는 것이라 믿었던 그가 히말라야 취재에서 현지 가이드와 셰르파에게 '권력의 야릇한 감칠맛'을 느낀다. '나 정도면 괜찮은'이었던 믿음은 '나도 별수 없는'의 착각이었다.

지금 당신, 어디에 서 있는가? 혹시 사람은 잊은 채 권력에 예를 다하고 돈에 최선을 다하는 곳은 아닌가? 다초점 안경을 핑계로 당신 정도면 괜찮은 사람이라고 착각하고 있지는 않은가? 저자는 '이것까지 내주게 되면 이 직업을 해야 할 이유가 없는' 마지노선을 만들어 두자고 말한다. 자기 기준이 있는 사람은 쉽게 무너지지 않으니 누구에게도, 어떤 일에도 흔들리지 않도록 삶의 원칙들을 만들어 두어야 한다고.

이미 충분히 고약했던 나의 성미는 지역단체들의 보조금 정산을 하면서 걷잡을 수 없이 거칠어졌다. 처음 몇 번은 실수일 거라 생각했지만 눈에 보이는 악의를 도저히 덮을 수가 없었다. 밤 11시 29분 치킨집에서 초등학생 간식비? 단체 임원 차량 주유비? 아무 증빙도 없는 강사비? 관련자들을 차례로 만나 조목조목 설명을 요구했다. 검찰 유관단체, 지역에서 오래 활동한 단체, 관리자급 공무원들과 친분이 있는 단체들이 곧바로 권력을 행사했지만 그러거나 말거나 납득할 수 없는 건 금액 불문 환수조치 했다(2만 4천 원도 있었다). 과장님이 '정도껏 해라' 하셨지만 그 '정도'가 어디까지인지 궁금하지도 않았을뿐더러 자존심상 그렇게 할 수가 없었다. 내가 엄청난 권력을 쥔 공직자는 아니지만 상식은 조금 있는 공무원이다. 아닌 것은 아닌 것. 그렇게까지는 더러워지지 말자.

덕분에 단체들 사이에 그 직원 지랄 같다는 소문이 돌았고(돌고 돌아 내 귀에까지 들어왔는데 마음에 쏙 들었다), 3년간 고집스럽게 지랄 맞음을 유지했더니 '그 팀 보조사업은 딴생각 말아야 한다'는 개념이 자리 잡았다. 사실 쉽지는 않은 시간이었다. 욕먹고 혼나고 오해받았다. 하지만 그 시간 덕에 公밥 먹는 사람으로서 조금은 덜 부끄럽다.

정년까지 22년. 어쩔 수 없다. 비뚤어진 권력에 지랄 맞은 공무원으로 사는 것, 이것이 사람에 대한 나의 예의다.

CHAPTER 03

이를테면 말이죠

● 초록색 인문학

 면사무소 뒤편에 작은 공원이 있다. 5분이면 둘레를 돌 수 있으니 말 그대로 작은 공원.

 13년 전, 그 공원에 누군가 죽어 있는 것 같다는 민원이 들어왔다. 믿고 싶지 않았으나 민원받은 면서기라면 출동부터 해야 하는 법. 계절에 맞지 않는 두꺼운 점퍼 때문에 호흡을 감지하기가 어려웠다. 경찰이나 119에 신고하자니 단순 노숙일 수도 있어 애매했다. "저기요?" "여기요?" "선생님?" "흠흠?" 요란한 발소리를 내도 눈을 뜨지 않았다. 얼굴을 가까이 대고 숨을 확인해봐야 하나? 공포와 주저와 쿰쿰과 퀴퀴에 울상이 되어 있는데 번쩍, 그가 눈을 떴다. "어… 저기…, 여기서 주무시면 안 될 것 같아요." 아무렇지 않게 일어난 그는 불만 찬 소리로 무슨 말인가를 중얼거리며 터벅터벅 공원 밖으로 나갔다.

 공원은 우범지역이었다. 밤이 으슥하면 어린 담뱃불을

외면하기 위해 발걸음을 서둘러야 했다. 화장실은 대부분 잠겨 있었고 열려 있으면 불쾌했다. 미끄럼틀과 그네는 너무 높거나 낮거나 칠이 벗겨 있었고, 드문드문 놓인 벤치는 정체 모를 얼룩들과 행색 수상한 이들의 차지였다.

13년이 지난 지금, 이 공원엔 사람들이 있다. 이른 아침이면 학교와 일터로 향하는 이들이 리드미컬한 걸음으로 이곳을 통과하고 노란버스를 기다리는 아이들이 함박웃음으로 뛰어오른다. 느린 걸음으로 도착한 백발의 어르신들이 볕 잘 드는 벤치에 앉아 밤사이의 안녕을 나누며 함께 살아 있음을 확인한다. 주말이면 청소년들이 벼룩시장을 열고, 긴장으로 주중을 산 이들이 편안한 표정으로 가족, 친구와 함께 느슨한 시간을 보낸다.

> "어린 나에게 공원은 창문 밖의
> 더 넓은 세상을 뜻하는 것이었다."[15]

『도시의 공원』에 실린 18편의 글과 112장의 사진으로 세계 곳곳의 공원을 산책할 수 있다. 이집트의 소설가 아다프 수에이프는 카이로의 알 아자르 공원을 '삶이 나아

---

15) 케이티 머론, 『도시의 공원』, 오현아, 마음산책, 2015년, 215쪽

가야 할 방향, 기품과 선택과 전망을 보여주는 곳'이라 말한다. 빌 클린턴 미국 전 대통령은 워싱턴 D.C.의 덤버턴 오크스 정원을 '놀라움이 가득'하다고 소개한다. 건축가 노먼 포스터는 베를린의 그로스 티어가르텐 공원이 도시의 '정체성과 정신을 상징'하는, 도시가 겪은 세월의 풍파를 담은 '타임캡슐'이라고 말한다. 앙드레 아시망 교수는 뉴욕의 하이라인을 도시의 '레콩키스타(스페인, 포르투갈 등지에서 780년간 그리스도교도가 이슬람교도를 상대로 벌인 국토회복운동)'로 정의한다. 역사학자 어맨다 포먼은 런던의 하이드 공원에 가면 언제나 '진달래꽃을 꺾는 어린아이가 된다'고 고백한다. 언론인 조너선 알터는 시카고의 런던 공원 덕에 집과 유치원만을 오가던 '세계가 확장'되었던 순간을 회상한다. 작가 사이먼 윈체스터는 마이단 공원이 없었다면 '캘커타는 예전에 미쳐버렸을' 것이라고 말한다.

공원은 특별한 곳이다. 공公인 동시에 사私인 공간이다. 누구에게나 열린 널찍한 공간은 우리가 공동체의 일원임을, 현재에 존재하고 있음을 알게 해주면서 동시에 사색이 필요한 이들에게는 홀로일 수 있는 순간을, 설렘을 품은 이들에게는 서로의 손끝이 스칠 좁은 산책로를, 농밀한 순간이 필요한 이들에게는 구석진 나무그늘을 내어준다.

  김현 교수는 『천년의 수업』에서 '무늬'의 뜻을 가진 문文 자를 들어 인문을 '인간이 새겨 넣은 무늬'라 말했다. 그렇다면 공원은 그 마을의 인문학이면서, 우리 모두이자 각자의 인문학일 수도 있지 않을까?

  토지개발에 들이는 행정력보다 공원을 만들고 가꾸는 공무원의 노력이 칭찬받을 수 있다면 좋겠다. 정부는 혁신도시도 좋지만 근사한 공원으로 지역발전을 꾀하고, 지자체는 공원 조성과 활용에 행정력을 집중하고, 국가균형발전 지표에는 인구당, 면적당 공원 수를 필수 지표로 넣고, 공원 관련 예산은 기본 항목으로 두고, 다자녀 가정 혜택처럼 다공원 지자체에는 교부금을 듬뿍듬뿍 주고, 공원 이용 횟수가 적은 시민들을 복지대상자로 구분하여 자립(?)할 수 있도록 각종 지원을 아끼지 말고, 도로명주소는 무조건 공원 이름을 넣어 짓고, 공원 다이용자는 세금을 감면해주고, 공원이 문화 예술 체육 교육의 복합공간이 될 수 있도록 기반을 마련하고, 치매와 공원을 잇는 프로그램을 운영하고, 공원마다 야외 도서관을 두고, 공원 관리 부서를 1순위 직제로 올려 승진 팍팍 시켜주고, 공원에 시큰둥한 정치인은 징역형에… 그럼 우리의 인문학이 한껏 풍요로울 수 있을 텐데.

 면사무소 뒤편의 작은 공원. 열다섯 걸음만 걸으면 닿는 그곳에 공원이 있다. 그 짧은 길이 왜 이렇게 건너지지 않는지는 미스터리.

● 공무원의 글쓰기

"글쓰기 학원에 다녀야 할까 봐요." 옆자리 직원이 배송받은 책을 꺼내며 말했다. 나이 쉰을 바라보는 그녀의 손에 글쓰기 책이 들려 있었다. "쓸 때마다 어렵네요."

공무원은 어떤 글을 쓸까? 지방행정직인 나의 경우 사업계획서, 결과 보고서, 공고문, 입법예고문, 보도자료, 홍보문, 협조요청서, 민원답변서, 행사 시나리오, 시장님 인사 말씀, 회의자료 등속의 글을 쓴다. 몇 줄 간단한 메모 보고를 할 때도 있고 한 권의 성과집을 엮기도 한다. 아침에 출근해 이런저런 글을 각각에 맞는 분량과 방식으로 쓰다 보면 저녁이 되어 있다. 퇴근하자, 고되다.

공무원이 되어 난감했던 (진짜 많은) 것들 중 하나가 '공무원의 글'이었다. 부담스레 무게 잡은 투에, 대체 언제적 쓰던 말인지. (제발 부락이라고 좀 하지 마요. 마을, 마을!) '그래서, 결국 뭐라는 거야?'까지.

요람에서 무덤까지 국민생활의 전반을 조력한다는 공공행정의 존재 목적이 무색할 정도로 현실과 동떨어진 느낌이 불편했다. 이건 좀 아니지 않나, 생각했지만 새내기 공무원에게 이의제기나 솔선혁신, 소신행정과 파격제안은 그 글들보다 더 비현실적인 것이었다.

다행히 법조문을 비롯한 공공언어를 쉽고 간결하게 바꾸자는 인식이 확산, 공유되어 공무원의 글들도 바뀌고 있는 중이다. 국민의 입장에서는 여전히 꼿꼿한 문장들이 많겠지만, 실생활에서 더 이상 사용하지 않는 용어나 어려운 한자어를 현실화하고 권위적이었던 문체에서 힘을 빼고 있는 중이다. 국민들이, 특히 좀 더 쉬운 행정이 필요한 이들이 안전한 삶을 보장받을 수 있도록 공공언어가 든든한 동행자가 되어줄 수 있다면 좋겠다. 조금 더디지만 목적지를 옳게 정했고 걸음을 떼었으니 좋은 일이다.

* 국립국어원에서 정책용어 상담, 공공언어 국민 제보, 공공용어 번역 등이 가능한 온라인 사이트 '공공언어 통합 지원'을 운영 중이다.

『네 번째 원고』는 반세기라는 긴 시간 좋은 글을 쓰고 가르쳐온 존 맥피가 진지하게 이어온 고민과 경험을 엮은 책이다. '한 편의 글은 어딘가에서 출발하여, 어딘가로 가서, 도달한 그 자리에 앉아야 한다. / 모든 도입부는 견실해야 한다. 뒤에 나오지 않는 내용을 약속해서는 안 된다. / 나는 네모 안의 단어들을 대체할 다른 말을 찾아 헤맨다. / 그 자리에서 꺼져라.'[16]

귀퉁이 접은 곳이 많아 맵시 좋던 책이 불룩해져버렸을 만큼 열독하였지만 당연하게도 글쓰기의 고지는 아직 멀기만 하다. 부푼 가슴으로 쓴 사업계획서는 달나라까지 가 있고, 담백하게 쓰자 마음먹었던 결과 보고서는 낯 뜨거워 앗 뜨겁고, 수천 번 확인하고 올린 공고문엔 꼭 뭔가 빠져 있고, 그럴듯하게 완성한 보도자료는 빨간줄 죽죽, 그렇게 들여다봤는데 오타는 대체 어디서 튀어나오는 건지….

글쓰기의 어려움이 비단 공무원에게만 해당되는 건 아닐 것이다. 다양한 자리의 수많은 사람들이 자기 앞에 놓인 '써야 하는 글'에 막막해하고 있을 테지. 이 미숙한 글 한 편 역시 나로서는 애쓴 결과물이지만 첫 문장은 물론

---

[16] 존 맥피, 『네 번째 원고』, 유나영, 글항아리, 2020년, 82·105·263·297쪽

이거니와 하고 싶은 말이 무언지, 굳이 쓰려고 하는 이유가 무언지를 정리하는 것부터가 쉽지 않았다. 그래도 글은 쓰고 싶고, 그것도 멋진 글을 쓰고 싶으니, 어찌해야 할까 이 일을.

이런 세상을 꿈꿔본다. 초등학교에 입학하면서부터 생각과 감정을 글로 표현하는 법을 꾸준히 배우고 타인의 글을 읽으며 공감하고 반문하는 방법을 충분히 익히는 세상. 그렇게 세월을 들여 학습한 것으로 좋아하고 싫어하는 것, 하고 싶은 것과 하기 싫은 것, 여행기와 무위無爲기, 도전록과 후회록, 열애담과 이별담 그리고 세상에 대한 질문 같은 것들을 각자의 책으로 엮어 내 서로의 글을 읽음으로써 더 크게 이어지는 세상. 그런 세상에서라면 나의 ㅆ글이 더 쉬우면서 더 확실하고, 어쩐지 문학적인데 정확하기까지 한 경지에 이를 수 있지 않을까? 그러니까 내 글이 후진 건 다 나라 탓이다. 나라가 공교육 시스템과 출판·독서 생태계를 잘 꾸렸다면 나도 분명 글을 잘 썼을 것이다. 공공행정의 글이 교과서에 실릴 수도 있었을 것이다. 그러니 나라가 책임져라, 정부는 지금 당장 대책을 마련하라, 씩씩거리며 오늘도 기껏 써놓은 글을 뜯어고친다.

진로 고민의 권리

 대통령기록관에 다녀왔다. 세종시에 있는 기록관은 대통령기록물 업무와 일반인을 대상으로 한 전시, 교육, 홍보도 함께하고 있다. 국립세종도서관과 호수공원이 바로 옆에 있어 둘러볼 만하다.

 직업이 직업인지라 예전 공문서들의 표지 디자인, 결재 칸 모양, 글자 크기 같은 것들의 변천사와 역대 대통령의 서명 필체를 구경하는 재미가 쏠쏠했다. 이승만, 박정희, 전두환, 김대중, 노무현, 이명박을 지나 박근혜의 자리에서 한때 나를 참으로 고민스럽게 했던 '자유학기제'를 다시 만났다.

 자유학기제는 박근혜 씨의 공약으로, 중학교 1학년 한 학기 동안 진로와 직업을 탐색하는 교육과정이다. 교육청과 학교는 준비 기간을 운영했고, 교육부와 행안부가 사전 협의를 했다고는 하지만 지자체에는 시행 직전에야 의무사항이 전달되었다. 예산을 분담해라, 운영실적을 채워라 같은 역할 통보를 급작스레 받은 담당자들은 난처하기 짝이 없었다. (진짜 우리한테 왜 그래요?)

어쨌거나 나는 프로 공무원 지망생이고(십몇 년째), 어린 학생들에게 적성과 진로와 직업을 고민해볼 시간이 필요하다는 것만큼은 자명했기에 가능한 많은 것들을 해주고 싶었다. 여러 직업군을 살펴 MOU를 맺고 멘토링을 진행했다. 선망하거나 신기해하거나 흔히 여겼던 직업인들을 만나 현장의 이야기를 듣고 손을 들어 질문하는 아이들을 보고 있으면 흐뭇했다. 부럽기도 했고.

자유학기제를 보내는 학생들이 어떤 생각을 하는지, 그 시간이 도움이 되긴 하는지 궁금하다. 적어도 내가 속한 세대까지는 자신이 무얼 할 때 가장 신나고 자연스러운지, 힘을 빼고 편안한지, 더 잘하고픈 욕심이 동하는지를 직업과 연결해 곰곰 생각해볼 시간 없이 자라버렸다. 각자 사는 동네에조차 어떤 직업들이 있고 그 많은 사람들이 대체 무슨 일들을 하고 사는지 배워볼 기회가 없었다. 그래서 교사 집안에서 교사 나고 장사하는 집안에서 장사했다.

주변에 책과 관련된 일을 하는 사람이 있었다면 내 인생이 달라졌을까? 십수 년 공무원 잘하고 있는 지금 나는 그쪽 일이, 그쪽 일을 하는 사람들이 궁금하다. 책 더미에 파묻혀 전사의 아우라를 뿜어내며 책과 씨름하는 나를 그려보기도 한다. 어쩐지 잘 어울리는 것도 같고 어쩌면 잘할 수 있을지도 모른다는 망상에 혼자 흐뭇하고 아무래도 아쉽다.

"엄마 책도 빌려왔어!" 큰 꼬마가 도서관에서 『편집자 되는 법』을 빌려왔다. 유유 출판사의 땅콩문고 시리즈를 재밌게 읽은 걸 눈여겨보았나 보다. 예쁜 것.

16년간 편집 일을 하고 다시 십 년 넘게 편집을 가르치고 있는 이옥란 편집자가 '이 글을 초년의 편집자들께 드립니다'[17]라며 글을 시작한다. 뭐랄까, 유능한 선배로부터 짧은 시간 정확한 가르침을 받은 느낌? 상처받지 않고 오래 일할 수 있는 비법을 전수받은 기분? 이를테면 이런.

회사의 정보보다 내가 어떤 사람인지를 알아야 한다는 것, 무슨 일을 하고 있는지 어디로 나아가고 있는지 모른 채 일에 코를 박고 있지 말라는 것, 일이 어려운 까닭

---

17) 이옥란, 『편집자 되는 법』, 유유, 2019년, 9쪽

은 교정의 원칙을 정하지 못했기 때문이라는 것, '이만하면 나도' 하고 우쭐하지 말자는 것, '편집력'은 하루아침에 얻어지는 게 아니라는 것, 그러니 누구와도 견줄 수 없는 자기만의 작은 영토에 도달할 때까지 연마하라는 것, 그리고 이 말, "오래 일해야지요."

'근속 연수 3년, 실무 정년 마흔'
 사람들은 책을 읽지 않고, 책 만들어 돈 벌 수 있는 방법은 마땅찮고, 세상에 내놓고 싶은 책은 많고, 기타 등등. 안타깝고 속상하다. 내 나이 곧 마흔이라는 것도.
 그쪽 일의 고단을 전혀 알지 못하는 내가 그쪽 일을 동경하는 것이 어쩌면 실례가 될지도 모르겠다. 안정적인 직업을 갖고 있으니 배부른 소리 한다는 원망을 들을지도. 그렇지만 손에 든 책의 무게를 너무나 좋아하고, 책의 문장에 깊이 침몰하는 순간을 무척이나 황홀해하고, 책으로부터 위로와 용기와 질책을 달게 받는 나에게 편집자들은 지적이고 용감하고 다감한 히어로다. 나의 영웅들이 신바람 나게, 원 없이 책을 만들 수 있으면 좋겠다. 책 팔아서 잘 먹고 잘 살면 좋겠다.

덧붙임 자유학기제보다 부러운 게 서구권의 '갭 이어Gap Year'다. 이 기간 동안 청소년과 대학생들은 학교생활을 멈추고 궁금했던 직업 세계에 들어가 인턴이나 창업을 해본다거나, 관심 있던 분야를 공부하고, 여행이나 봉사활동을 한다. 어디가 됐든 대학은 가야 한다거나 성적에 맞춰 전공을 선택하는 시스템이 아닌 만큼 갭 이어로 선택한 커리어에 만족도가 매우 높다고 한다.

먼 땅의 그들이 나는 무척 부럽다. 꿈꾸는 것조차 어색해 보이는 우리의 청춘들도 그런 방식으로 생을 디자인하고 세상에 뛰어들 수 있으면 좋겠다. 풍덩 몸을 던져도 안전한 사회면 좋겠다. 뭐 가능하다면 마흔 넘고 쉰 넘고 예순 칠순 팔순 넘은 사람들도 풍덩풍덩 할 수 있는 세상이라면.

이 수업은 적극 추천

公의 캐릭터들이 캐생역전(캐릭터 인생역전)을 꿈꾸며 오디션을 보고 유튜브에 출연하는 등 새로운 도전을 하고 있다는 기사를 읽었다. 지자체와 공공기관은 저마다의 특징을 부각한 캐릭터를 갖고 있는데 다들 어째 좀 그렇다. 작은 꼬마가 아직 어릴 때 내가 일하는 시청 로비에 있던 커다란, 활짝 웃고 있는 동물 캐릭터를 보고 "저거 싫어, 저거 싫어" 뒷걸음질을 친 적도 있었다.

公이 세련될 수는 없는 걸까? 심볼마크, 캐릭터, 활자체, 색… 적지 않은 예산을 들였음에도 公의 이미지들이란 어딘가 좀 아쉽다. 억지스럽달까? 촌스럽달까? 기억에 남은 公의 이미지가 하나 없으니 내 기억력에건 공공미에건 문제가 있다.

사진작가 윤광준의 아름다움을 살피는 눈, 『심미안 수

업』을 읽었다. 미술 음악 건축 사진 디자인에 대해, 아름다움을 살피는 짜릿함에 대해, 촘촘한 삶에 대해 이야기한다.

포착하는 순간들을 살아온 그의 심미안은 '다시'가 없는 인생, 최대한 몸으로 살며 아름다운 것들을 탐하자는 마음에서 가꾸어졌다. 몸으로 체득한 지혜는 믿을 수 있으니 아름다움을 살필 수 있다면 차이를 알아보고 본질을 이해할 수 있다는 그의 말을 신뢰해도 좋을 것이다. 미적 가치를 느끼는 능력이야말로 어떤 상황에서도 자존감을 지킬 수 있는 무기라는 조언도 함께.

묻고 찾아내는 삶은, 고만고만하고 익숙한 세상 안에서만 사는 것과 결코 같지 않다. 낯선 것들에 설레고 감탄하고 아파할 줄 아는 삶은 짜릿하다. 그리하여 아름다움을 느끼는 이들은 매 순간을 풍요롭게 산다.

심미안 무지렁이인 나도 그림과 음악에 압도되고, 좋은 건축에 평온하고, 사진과 디자인으로 핵을 느끼는 순간들이 있다. 그럴 땐 가없는 밤하늘에 내 존재 전체가 빨려드는 기분이다. 확실히 다르고, 그 다름에 전율한다. 아마도 아름다움을 온몸으로 통과하는 순간일 것이다.

그런 체험, 아름다움을 몸으로 겪는 순간은 어떻게 가능한 걸까? 되는대로 더듬어 보자면, 일단 '해제' 상태로 모드를 전환해야 한다. 창피함 해제(딱 그때 당신 주변에 있는 사람들은 평생 안 볼 이들이다), 사회적 체면 해제(우리에게 그런 게 있으면 얼마나 있다고?), 과거지사 해제(다 지난 게 뭣이 중헌디? 지금이 이토록 경이로운데!), 광대근육 해제(정말 화 안 났잖아요 우리). 딱딱한 것들을 모두 풀었다면 다음은 간단하다. 오감, 육감 모두 열어 할 수 있는 만큼 최대한 순간에 충실하면 된다. 그러면? 그 짜릿과 일탈과 황홀이 모두 당신의 것이 된다. 들으나 마나 한 팁, 하지만 그 이상은 모르겠는 팁. 자, 그러니 이제 부끄럽고 어색해도 부지런히 아름다움을 탐하도록 하자. 기꺼이 탐하도록 하자.

덧붙임 많은 이들이 이용하는 공공건물이 가장 아름다워야 한다는 저자의 생각에 격렬히 동의한다. 법으로 제정하면 어떨까? 이 나라 곳곳의 公들은 모두 아름다워야만 한다고. 그럭저럭 대충 지었다가는 구상권이 날아오고, 공들여 관리하지 않으면 심판을 받는. 주변 경관과 어우러져야 하고 환경에 최대한 덜 해로운 공법으로 지어야 하는. 세계평화와 인류애의 철학을 담아야 하는. 너무 갔나?

● 처방전 공유합니다

 카카오가 얄밉다. 생일을 앞둔 친구들을 굳이 추려 알려주고, 축하의 마음을 어서 보내시라 이름 옆에 '선물하기'까지. 심지어 받고 싶은 선물을 올릴 수도 있으니, 세심하려거든 이 정도는 되어야 한다.

 별로인데, 돈 냄새 끈적한 상냥이 정말 별로인데, 생일이라는 걸 알아버렸고, 만천하에 공개된 생일을 나만 못 본 척하기도 그렇고, 그래서 그냥 넘어가는 게 영 찝찝하고. 한데 이 오두방정 돌아가는 세상에 생일선물을 사기 위해 시간을 내고 직접 몸을 움직인다는 게 좀처럼 되지 않는 일인지라 얄밉지만 그냥 '선물하기'.

 아무리 속전속결 해결이 가능하고 AI의 강력추천이 탄탄하다 해도 선물하기는 꽤 신경 쓰이는 일이다. 취향이나 필요를 저격한다는 게 과연 가능한 일일까? 모르겠다. 아무튼 내 노동의 대가가 빅테크의 돈벌이 비료가 된 듯한 기분은 정말 별로다.

너무 싫어해도 온 우주가 도와주는 것일까? 흡족한 선물하기 방법을 찾아냈다. 생일을 맞거나(카카오 땡큐!) 좋은 일이 있거나 고된 시간을 보내고 있는 동료를 면사무소 근처 작은 책방으로 불러 한껏 폼을 잡는다. "골라봐."

사실 책 선물은 선물하기의 최고 난이도다. 일단 그이가 책을 읽는 사람일 가능성이 희박하고, 혹 읽어볼 마음이 있다 해도 바닷가의 모래알 고르기만큼이나 막막한 책 고르기. 만약 책을 좀 읽는 사람이라면 이미 읽었을 수도 있고 분야나 작가에 호불호가 있을 수 있으니 이래저래 책 고르기 참 어렵다.

하지만 책 선물만이 갖는 '뭔가'가 있다. 일단 구입 단가가 훌륭하다. 이 가격에 이만큼 폼 나는 선물, 없지 싶다. 또 화폐가치와 등가가 아니라는 믿음(희망?), 왠지 돈으로 환산할 수 없는, 고차원적인 무엇이 담긴 듯한 경외감, 이것은 속물들의 아이템이 아니라는 젠체, 하다못해 읽거나 말거나 집 어디에 세워놓는 것만으로도 느낌 있는 오브제.

책방으로 불려온 직원들은 예상치 못한 시공간에 들뜬다. "나 요즘 소설 너무 읽고 싶었어. 거지 같은 것들 다

잊고 푹 빠져버리겠어!" "태교여행 못 가서 속상했는데, 와! 사진 봐. 이걸로 할래요!" "오늘 생일이라고 커피 쿠폰 100장 받았잖아. 책 이거 참신하다. 근데 나 뭐 읽어야 돼?" "여기 책방이 있었어? 그냥 들어와만 있어도 좋다."

 반응들이 다 좋다. 물론 내 앞이어서겠지만 서가의 나무 향과 새 책 냄새, 반듯한 책등과 아름다운 표지의 책들, 마음 놓이는 조명과 절묘한 재즈, 그리고 책을 너무나도 사랑하는 책방지기의 미소가 가득한 이 작은 공간에 들어서면 내 소중한 이들의 날 섰던 눈빛이 편안해진다. 부드러운 눈매로, 힘 뺀 손가락으로, 천천한 걸음으로 책을 살핀다. 보기 좋다.

『실례지만, 이 책이 시급합니다』는 이십 년간 편집자로 살아온 저자 이수은이 합정역 사거리에서 신호를 기다리다 불현듯 깨달음을 얻어 집필한 책이다.

 예상 불가 대응 불가인 삶의 순간―가슴속에 울분이 차오를 때, 사표 쓰기 전에, 통장 잔고가 바닥났을 때, 이 길이 아닌 것 같을 때, 남 욕하고 싶을 때, 안 망하는 연애를 하고 싶을 때, 싸우러 가기 전에, 가출을 계획 중일 때…―마다 시급히 필요한 책들을 소개한다. 이를테면,

'『고도를 기다리며』라면 남은 생애 동안 수십 번은 더 읽게 되지 않을까. 지금 가고 있는 길에 회의가 밀려올 때, 그런데 다른 어느 방향을 택해야 할지 알 수 없을 때, 큰 결단이 찾아올 때까지 스스로에게 시간을 주고 싶어서.'[18] '삶의 어느 모퉁이에서, 한 걸음을 앞으로 내디딜 용기가 나지 않는다면 『카탈로니아 찬가』를 읽어보자.'[19]

책이 소용없는 삶은 없다. 어떤 삶에건 유용하다. 용기가 필요할 때, 결단을 미루고 싶을 때, 낯 뜨거운 후회에 몸서리칠 때, 남모를 연정을 애도할 때…. 그럴 때마다 나는 책을 읽는다. 책을 읽어 기운을 차리고, 아이디어를 구하고, 뻔뻔함을 배우고, 더 많이 사랑하게 되었다.

그래서 생각해본 건데,「책 처방을 통한 국민문제 해결 및 속상함 재발방지법」을 제정하면 어떨까. 公에 한 다리라도 걸쳐 있는 자는 1년에 2회, 주변의 도움이 필요한 이에게 동네책방에서 책 한 권씩을 구입해 건네도록 하고 책값만큼 세액 공제를 하는 법. 대한민국 공무원 수 122만 명. 전국의 온갖 시급, 난해한 문제들을 삽시간에

---

18) 이수은,『실례지만, 이 책이 시급합니다』, 민음사, 2020년, 87쪽
19) 이수은,『실례지만, 이 책이 시급합니다』, 민음사, 2020년, 101쪽

해결할 수 있다. 예산 마련을 위해 세금을 더 걷을 필요도 없고, 책·출판과 연결된 소상공인도 살릴 수 있고, 또 지금 당장은 생각나지 않지만 아마도 수만 가지의 이득이 더 있을 것이 분명하다. 책 처방을 받은 이들 중 독서후기를 공유한 이들에게 10리터짜리 쓰레기 종량제 봉투 한 장씩만이라도 선물한다면 법률 시행효과를 극대화할 수도 있을 것이다. 혹시 아나? 미친 집값 잡고, 청년 일자리 만들고, 자살 예방에, 소수자 혐오 따위 치워버릴지? 어렵게 생각하지 말자. 책 선물이 답이다.

달려라, 은색기차

연필, 지우개, 필통, 공책, 스케치북, 크레파스, 은색기차 연필깎이! 초등학교 입학을 앞두고 선물 받은 문구세트에 세상 전부를 가진 기분이었다. 중고등학생 시절엔 시내 문구점을 드나들었다. 지하 1층부터 지상 4층까지 건물 한 채를 전부 사용하던 그곳엔 언제나 사람들이 북적였고, 나 역시 그곳에서 고민스러운 시간을 보내곤 했다. 사고 싶은 게 많아서, 그런데 사용할 것 같지가 않아서, 그렇지만 갖고는 싶으니까, 어떻게든 쓸모를 마련해 보려고.

공무원이 되어 놀랐던 것 중 하나가 연필이다. 어른들 사무실에 은색기차 대열이라니. 심지어 칼로 연필 깎기를 고집하는 분들도 있었으니 연필에 대한 이곳 공무원들의 애정은 차라리 신뢰였다.

2020년, 여전히 은색기차 달리는 사무실에서 열심히 일하고 가끔 일탈 쇼핑을 한다. 문구점 갈 사람! 사무용품 사러 가자! 어른이 되었어도 고민스럽기는 매한가지. 필기구와 수첩 코너에서는 자기분열의 위기를 맞기도 한다. 분명 유용할 거라고, 이것만은 꼭 필요하다고 우겨보지만 삼십 년을 학습해오지 않았던가. 사면 안 돼. 욕심이야. 그렇지만, 그래도…. 이런저런 자격을 끌어 붙여보다 결국 연필 한 다스만 산다. 잘 참았어. 장하다. 빨리 사무실 가서 연필 깎자!

『문구의 모험』. 제목만으로도 알겠다, 문구에 대한 저자의 애정을. 나의 동료들이 연필에 주는 신뢰와 같이 그것은 태초부터 존재했고 영원할 것이다.

이 책을 읽을 작정이라면 몇 가지 주의하도록 하자. 강인한 정신력을 유지할 자신이 없다면 독서를 포기하는 것도 생각해볼 일이다. 블랙윙 연필, 핑크펄 지우개, 몰스킨, 만년필 이런 것들을 검색창에 적어 넣지 않도록 이성을 유지하라. 재미 삼아 문구점을 찾아가는 일이 없도록 마음 단단히 먹자. 만약 그곳에 들어간다면,

"문구점에 가면 사방이 가능성으로 가득하다. 그것은

더 나은 사람이 되어가는 방식이다. 이 색인 카드, 이 페이지 마커를 산다는 것은 내가 언제고 되고 싶어 했던 그런 조직적인 사람이 마침내 되리라는 것을 의미한다. 이 공책과 이 펜을 산다는 것은 꿈꿔왔던 그 소설을 내가 마침내 쓰리라는 의미다."[20]

당신이 어떤 사람이라도 될 수 있는 '무한가능자'라는 걸 알아버리게 될지도 모르니 꼭 주의해야만 한다.

그래서 말인데, '생애주기별 문구탐험 보장제도' 같은 걸 만들면 어떨까? 꼬마는 꼬마대로, 학생은 학생대로, 청년 중장년 노년은 그들대로 자기 앞에 놓인 수만 가지 가능성을 문구점에서 꿈꾸고 도전할 수 있도록 9개월, 9살, 19살, 29살, 쭉쭉쭉쭉 99살, 109살, 199살까지 아홉 수의 저주 대신 기본 문구 구입비를 지원하는 거다. 공약으로 괜찮지 않나? 신공항 건설보다 훨씬 괜찮지 않나?

---

20) 제임스 워드, 『문구의 모험』, 김병화, 어크로스, 2020년, 185쪽

● 이런 것도 산재처리 해줘야지 않나?

    공무원도 직업병이 있다. 한껏 들뜬 여행길에도 길가에 걸린 태극기와 새마을기가 깨끗하지 못하면 빨리 바꿔 달고 싶다. '16시 20분'처럼 24시간제로 표기한다. 도로명주소와 지번주소가 섞여 쓰여 있으면 뜯어고치고 싶다. 축제나 행사에 가면 콘텐츠보다 뒤에 가려진 공무원들을 생각한다. 문재인 대통령과 김정은 국무위원장이 손을 잡고 북쪽 땅을 밟는 순간, 이 역사적 순간을 위해 담당자들이 의전 시뮬레이션을 어떻게 돌렸을지, 얼마나 많이 수정하고 타진하며 고생스러웠을지 아연했다. 무엇보다, 정오가 되면 점심을 먹는다, 일요일에도.

    "무릇 '편의점 인간'이 되어가는 중이다."[21]

---

21) 봉달호, 『매일 갑니다, 편의점』, 시공사, 2018년, 127쪽

『매일 갑니다, 편의점』의 저자 봉달호 씨는 매일 2,233개의 물건들에게 묻는다. "안녕, 잘 있었어? 거기서 있을 만해?" 호빵기와 탄산수로 계절을 체감하고, 300여 종의 음료수 중 데미소다 애플 캔이 몇 번째 열에 놓여있는지를 알고, 새로 만난 쿠키에게 초코칩 옆자리를 권하는 그는 카운터에서 계산을 하다, 냉장고에서 음료수를 정리하다, 창고에서 라면 상자를 치우다 말고 영수증 쪼가리, 박스 뒷면, 작은 휴대폰 창에 편의점 이야기를 썼다. '열댓 평짜리 편의점 여기저기에 휘갈긴 내 청춘의 곰보 자국 같은 흔적들'이라 자평한 그의 글은 쉽고 밝게 읽히지만 자신의 직업에 대해 깊이 고민하지 않았다면, 부딪치고 이겨내지 않았다면 드러낼 수 없는 이야기들이다. (허니버터 이야기, 제 어깨가 다 펴졌습니다 사장님!)

편의점 인간 봉달호 씨와 모든 직업인들이 품 들인 만큼 배부르게 놀 수 있는 세상이면 좋겠다. 직업의 세월이 자부일 수 있고, 설렘으로 직업에 도전할 수 있는 세상. '전국 직업병 경연대회'에 온 나라가 들썩이고 너도나도 깔깔거리며 출전 각오를 다지는 세상. 숨을 멎게 만드는 산업재해가 아니라 서로 할 말 많다며 직업병 재미를 자랑하는 세상.

누가, 어디서부터, 어떻게 해야 할까? 언제, 무엇을, 왜 는 답이 나왔으니 엄청 어려운 일은 아닐 것 같은데.

아, 봉달호 씨의 직업병은 이런 것이다.

"지하철에 탄다.
맞은편에 사람들이 일렬로 앉아 있다.
패딩을 입은 사람, 코트를 입은 사람, 붉은 옷을 입은 사람,
검은 옷을 입은 사람, 머리가 긴 사람, 머리가 짧은 사람,
키가 큰 사람, 키가 작은 사람….
뒤죽박죽 앉아 있는 모습이 꽤나 눈에 거슬린다.
종류별(?)로 구별해서 다시 진열(?)하고 싶어진다.
이게 다 직업병이다."[22]

---

22) 봉달호, 『매일 갑니다, 편의점』, 시공사, 2018년, 72쪽

● 우리 다 암시랑토 않게!

 인천공항까지 2시간 반. 중요한 출장이었다. 지난밤 지구 반대편의 일들을 처리하느라 잔뜩 높여놨던 긴장을 풀고 한숨 자두어야 했다. 릴랙스.

 잠의 경계를 막 넘어가려는 순간 벼락같은 호통소리에 화들짝 깼다. "떠들면 안 된다고 말씀드리지 않았습니까! 운전 중인데 시끄럽게 하면 어떡합니까!" 아주머니 두 분이 버스기사에게 호되게 야단을 맞고 있었다. 응? 상황이 너무 생소해 꿈으로 넘어온 건가 싶었다. '너도 똑같아! 2시간 넘게 운전해야 하는 기사 뒤에서 잠이 와? 그렇게 생각이 없어?' 다음 차례가 나일 것 같아 안 잔 척 슬며시 자세를 바로잡았다.

 기사님이 소리에 민감하신가 보다. 안전운전에 방해가 되면 안 되겠지 싶으면서도 다른 버스도 아니고 공항행 버스 아닌가, 설렘으로 달리는 버스여야 하는 거 아닌가

하는 생각도 들었다. 아직 새 옷 냄새도 가시지 않은 올 뉴 패션의 아주머니들이 딱해 보였다. 대화는커녕 부스럭 소리라도 날까 조심하는 승객들과 끊임없이 어른들에게 주의를 받는 아이들을 보고 있으려니 버스기사가 조금 미워졌다. 나야 일하러 가는 중이지만 이들은 이제 막 여행을 시작했는데. 이렇게까지 망쳐놓아야 했을까? 아무튼, 자기는 다 틀렸다.

> "아무리 못 돼도 '사'자 들어가는 직업에 넥타이 매고 사람들 끌고 다니면서 큰소리치고 살 팔자이니 잘 키워라!"[23]

든든한 사주풀이를 얻고 태어난 허혁 님은 전주의 시내버스기사다. 두어 시간만 해도 피곤한 운전을 하루 18시간, 덩치 큰 시내버스를 불법주정차와 진상 승객과 배차 시간과 미세먼지를 커버해가면서 몰아야 했단다(다행히 지금은 2교대다). 내 경우 최고치까지 집중력을 끌어올린 채 하루에 열대여섯 시간씩 삼사일을 연달아 일한 후 유체이탈을 경험한 적이 있었다. 양손을 키보드에 올려놓고 앉아 있는 좀비 껍데기를 위에서 내려다볼 수 있는 경

---

23) 허혁, 『나는 그냥 버스기사입니다』, 수오서재, 2018년, 162쪽

지의 체험을. 앉아서 일을 해도 그 정도인데, 온갖 신경을 곤두세워야 할 버스운전을 18시간이나. 안쓰러움을 넘어 경이롭기까지 하다.

버스를 몰며 던졌던 질문, "먹고사는 일이 왜 이리도 추잡스럽다는 말인가!"[24]를 여러 사람과 함께 고민해보고 싶어 페이스북에 쓰기 시작한 글이 『나는 그냥 버스기사입니다』로 엮여 책이 되었다.

솔직하고 소박하게, 재미나고 구성지게 풀어놓은 에피소드를 읽다 보면 시내버스기사의 불친절은 인성 탓이 아니라 버스운행의 구조적 문제에서 기인한 것임을 알아달라는 절박함이 느껴진다. 자학과 자아도취의 유머러스한 문장들이 실은 우리가 사소히 여겼던 것들이 얼마나 위험하고 진 빠지게 하는 것인지를 알아달라는 읍소 같아 과연 나는 어떤 승객이었는지를 생각해보게도 한다.

> "버티다 보면 나중에는 '원래 그런 놈'으로 통해서 암시랑토 않다."[25]

---

24) 허혁, 『나는 그냥 버스기사입니다』, 수오서재, 2018년, 151쪽
25) 허혁, 『나는 그냥 버스기사입니다』, 수오서재, 2018년, 83쪽

나는 이 책을 열심히 읽었다. 저자의 직업적 원칙과 변칙을 학습하는 자세로 읽었다. 먹고산다는 게 자신만의 기준을 세워두지 않으면 별 시답지도 않은 이유들로 흔들리기가 얼마나 쉬운가. 뿌리까지 뽑혀나갈 듯 흔들릴 때의 모욕과 수치와 자괴감이 사람을 얼마나 비참하게 만들던가. 그런 와중에 간혹, 내 깜냥 안에서 재량을 발휘할 수 있을 때, 내 원칙에 반한 일탈로 누구에겐가 도움이 되었을 때 얼마나 짜릿했는지를 알고 있으니 그래서 '암시랑토 않다!' 하며 계속해나갈 수 있다. 적폐속도와 공정속도, 쟁爭과 인仁과 화和 같은 인문학적 성찰도 있으니 읽어보시길.

 많은 직업인들이 글을 쓰면 좋겠다. 많은 사람들이 다른 직업인들의 글을 읽어 공감하고 새로 알고 오해를 풀면 좋겠다. 당장 먹고사는 게 고달파 남까지 이해할 여유가 없다 해도 괜찮다. 그저 서로 다른 우리의 글을 읽고 쓰는 것만으로도 덜 상처 받고 덜 가해할 수 있으니 이기적인 마음이어도 괜찮다. 나도 이런 시시한 글을 끼적이고 있다. 당신의 이야기를 듣고 싶다. 당신의 먹고사는 일을 듣고 싶다. 당신을 이해하고 싶다.

● 정의의 형벌

 '눈송이'는 우리 면사무소 고양이다. 한쪽 눈을 잃은 아기 고양이가 자꾸만 주차장을 찾아오자 한 직원이 종이상자로 집을 마련해주었고, 직원 몇몇이 각자 부르고 싶은 대로(야옹아, 나비야, 우쭈쭈, 얌마) 부르다가 스리슬쩍 면사무소 고양이 '눈송이'가 되었다. 공공기관에서 고양이를 키워도 되는 건가, 자신 없었지만 오지 말라고 할 수도 없어 애매한 동거가 시작되었고, 출퇴근 때마다 눈이 마주치니 "안녕?"이라도 하게 되었고, 겨울이 시작되니 녀석의 집에 누군가 담요를 넣어주었고, 사무실 방석까지 깔아주더니(회계 주사님 미안해요. 제가…), 고양이 전용 장난감까지 하나둘 생겨나고 그렇게 그만….

 나? 나도 처음엔 인사만 건넸다. 그랬는데 어느 날, "안녕. 잘 잤어?" 아침인사를 하는데 맑게 올려다보는 녀석이 너무 예뻐서 물그릇을 새로 바꿔주었고, 그 뒤로 매일 아침 쭈그리고 앉아 밤새 춥진 않았냐, 누가 와서 밥 뺏어 먹는 건 아니냐 해가며 녀석과 회포를 푸는 것으로 면사무소의 하루를 시작한다.

"나는 끊임없이 상중喪中이다."[26]

『죽은 이들의 뼈 위로 쟁기를 끌어라』의 공간적 배경은 폴란드와 체코의 국경지역, 산속 외딴 마을이다. 길고 긴 눈이 내리는 겨울, 이곳에서 세 건의 살인사건이 일어난다. 피해자들은 기괴한 모양으로 죽어 있고 현장에 찍힌 사슴 발자국과 벌레에 뒤덮인 사체는 불길하기만 하다.

주인공 두셰이코는 행성의 움직임을 관찰하면서 그 행성과 연결된 누군가의 안위를 생각한다. 우주적 질서에 대한 존중 때문일 것이며, 인간 역시 그 질서에 속해야 한다는 믿음 때문일 것이다. 한데 그 외지고 작은 마을에서 질서가 교란당하고 생태가 모욕당한다. 인간의 야만적 탐욕은 동물을 죽임으로써 쾌를 득한다. 목숨이 목숨을 빼앗는다. 생명이 생명의 시스템을 부순다. 멈추라고 외

---

26) 올가 토카르추크, 『죽은 이들의 뼈 위로 쟁기를 끌어라』, 최성은, 민음사, 2020년, 148쪽

치지만 이상한 노인으로 취급될 뿐이다.

두셰이코에게 국경 저편의 체코는 부드럽고 선량한 곳, 집으로 돌아와 불 지핀 난로 곁에서 시를 읽을 수 있는 곳, 자유로운 존재로 살아가는 곳이다. 아무래도 실재하지 않을 그곳은 자연의 섭리와 생명의 평등에 대한 두셰이코의 집념과 속죄의 공간일 것이다. 그나저나 살인사건의 전말은? 독자가 될지도 모를 당신을 위해 남겨두기로.

주차장에서만 얌전히 지내던 눈송이가 슬그머니 사무실까지 제 영역으로 넓혔다. (가끔 연필꽂이를 엎고 화분을 깨기는 하지만) 큰 말썽 부리지 않고 애교도 많아 모든 직원에게 예쁨받는다. 민원인들에게도 침착한 꼬리, 우아한 걸음, 서류 뭉치 사이에서 꾸벅꾸벅 조는 모습 등으로 신선한 행정서비스(?)를 제공하고 있다. 정말이지 여느 집고양이 부럽지 않다. 얼마나 큰 사랑 속에서 지내고 있는지. (면사무소 입구에 걸어놓은 직원 조직도에도 정식으로 올랐다. 이름은 눈송이, 업무는 고양이. 넌 고양이이기만 하면 돼. 일은 우리가 다 할게.)

직원들 사이에서도 슬몃슬몃 변화가 생겨났다. 앙증맞게 야옹거리는 녀석에게 함께 눈웃음을 짓고 작은 바구니 안에 들어가 동그랗게 잠든 녀석을 보며 같이 웃는다. 자꾸 찾아오는 수고양이를 한마음으로 경계한다. 우리 모두 눈송이가 예쁘다. 너무너무 예쁘다. 하지만 어쩐지 나는, 시끌벅적한 면사무소에서 아무 경계도 없이 쌔근쌔근 잠을 자는 녀석의 작은 발을 만지고 있자면 나는, 이상한 마음이 되곤 한다. 너는 어째서 우리를 의심하지 않을까.

봄이 오고 눈송이 요 녀석이 꾸벅꾸벅 조는 날이 많아지더니 글쎄, 배 속에 아기 고양이들이 있단다. 초음파 사진을 들여다보며 직원 모두가 기쁘고 설렜다. (어떤 자식인지 괘씸하기도 했다, 한마음으로!) 눈도 못 뜨고 꼼지락거릴 꼬맹이들을 그려보는 것만으로도 직원들의 칙칙한 얼굴에 웃음이 돈다. 재미없는 면사무소에 행복이 가득하다. 하지만 걱정스럽다. 모두가 동물을, 고양이를 좋아하는 건 아니니까. 나라가 싫고 공무원이 미워서 녀석들에게 해코지를 할 수도 있으니까. 눈송이 한 녀석만으로도 조심스러운데 고양이 가족을 면사무소에서 지내게 해도 되는 건지 걱정스럽다. 그래서 우리는 아기 고양이들의 탄생을 마냥 기뻐하지만은 못하고 있는 중이다.

내 가족, 내 친구, 내가 알고 모르는 모든 이들과 동물,

식물들이 사람에게 목숨을 빼앗길까 마음 조이는 일 없는 세상에서 살고 싶다. 장치도 동료도 없이 일하다 죽는 일 없고, 더러운 방법으로 굴린 욕망에 무고하게 죽는 일도 없는, 누구에게도 해가 되지 않는, 생명의 질서가 존중받는 곳이 내가 사는 세상이면 좋겠다.

 오늘은 아침부터 눈송이가 보이지 않는다. 이런 일이 없었는데. 새끼 낳을 곳을 찾아 떠난 건지, 벚꽃 구경을 다니는 건지, 괘씸한 녀석을 만나러 간 건지…. 그것 말고 다른 일은 아니었으면 좋겠다. 퇴근 전에 돌아와야 하는데…. 4월의 첫 금요일, 녀석의 묘연한 사라짐으로 면사무소는 싱숭생숭.

국가 책임의 경계

"왜 멀리 떠나가도 변하는 게 없을까. 인생이란."[27]

코로나19 경제위기는 저소득층에게 더 빠르고 더 정확하게 왔다. B.C.(Before Corona)의 시절에도 분투해야 했던 그들에게 위기의 봉착은 오차가 없었다. 저소득층, 소외계층, 취약계층으로 칭해지는 그들은 가진 게 적어, 사회와 사람들로부터 환영받지 못하고, 주류에서 벗어나 있으니, 경제 문화 학습 건강 등 많은 분야에서 깨지기 쉽다. 그래서 다시 저소득과 소외와 취약을 계속하게 되는데 그 고리를 일순 끊어 홀로 우뚝 선다는 것은 글쎄, 심심치 않게 그런 사례들이 있었다, 라고 공직생활을 회고할 수 있다면 얼마나 좋을까.

---

27) 김영하, 『나는 나를 파괴할 권리가 있다』, 문학동네, 2018년, 134쪽

정부와 지자체는 저소득층의 코로나 피해를 조금이라도 막아보기 위해 '저소득층 한시 생활 지원'사업으로 지역상품권을 배부했다. 화폐와 같은 가치의 상품권이다 보니 준비단계부터 공을 많이 들였다. 고령자와 장애인이 불편하지 않도록 가장 단순한 동선의 사전작업을 최대한 해두었고, 만 원권 한 장이라도 덜, 더 들어가 기분 나빠할 일이 벌어지지 않도록 정말 많이 집중했다. 배부 시작일, 아침 일찍부터 길게 이어진 대기선에 긴장하지 않을 수 없었다. 정확히, 소란 없이, 사고 없이 제발.

젊은 남자의 순서가 되었다. 훤칠한 그는 환하게 웃고 있었다. 인상 밝으시네, 생각하는 순간 훅, 술 냄새가 넘어왔다. 9시 30분, 명랑하게 취해 있던 그는 40만 원을 받아 돌아갔다. 며칠 뒤 한 대학병원에서 연락이 왔다. 술을 너무 많이 마셔 심정지가 된 남자가 응급실에 실려 왔다, 위험한 상태다. 당신네 기초생활수급자다. 40만 원어치의 술로 얼만큼 행복했어요? 죽어도 좋을 만큼 행복했어요? 공공의 돈으로 술을 마시고, 병원 직원들의 성금으로 목숨을 잡고 있는 그에게 묻고 싶었다.

계속해 확대되는 복지정책에 거부감을 보이는 이들이 많다. 그 막대한 예산을 꼭 써야 하는지, 도움이 되기는 하는지 의심스러울 것이다. 묻고 싶을 것이다. 평일 아침부터 술에 취해 행복한 당신, 그 멀쩡한 허우대를 가지고 왜 정상의 모습으로 살지 않는가, 왜 우리의 세금으로 당신을 건사해야 하는가, 스스로를 파멸로 밀어 넣는 당신을, 왜 우리가.

스스로 파멸하려는 이들을 찾아다니는 남자가 있다. 일상과 취향을 관찰해 자살 가능성을 감지하고, 눈에 띄지 않게 접근해 자살에 이를 수 있도록 돕는다. 김영하 작가의 『나는 나를 파괴할 권리가 있다』를 읽고 한참을 소설에 엉켜 있는 중이다.

公의 역할은 어디까지일까? 어느 선까지를 끌어안아야 맞는 걸까? 열심히 살고 있는 사람들이 기분 나쁘면 안 되는 거 아닌가? 公을 나누어 받았다면 적어도 자신의 생을 책임 있게 살아내야 하지 않을까? 나는 그렇게 생각하는데.

● 일과 술

공무원에게도 비즈니스 술자리가 있다. 맡은 업무에 따라, 동석한 이들의 음주 성향에 따라 그 꼴이 갖가지겠지만 아무리 좋은 술과 안주여도 비즈니스 술자리는 정말이지 노 땡큐다. 하나같이 땡이다. 분노의 땡, 경멸의 땡, 악다구니의 땡땡땡!

자, 이제 심히 창피한 마음으로 나의 公酒 에피소드를 적는다. 그저 나의 경우라는 것, 많이 바뀌고 있다는 것을 말해둔다.

(에피소드 1) 어느 지역단체 회장과의 술자리. 그는 늙은 남자, 나는 이십 대 초반 어린 여자. 옆으로 와. 술 따라 봐, 나랑 나가서 자자, 너 나랑 자자, 자자 자자. 계속 자자는 미친놈과의 초과근무. 나 이만큼 고생했다고 근무성적평가서에 꼭 쓰고 싶은 초과근무.

(에피소드 2) 이장님들 선진지 견학. 꼭두새벽 관광버스 탑승. 착석했으면 모닝 소주 돌려. 자는 척 소용없음. 삼키고 자. (중간 생략) 선진지 도착. 뭐가 선진? 몰라. 식당 착석했으면 애프터눈 소주 돌려. 안주 좋다, 마셔 마셔. (중간 생략) 해 졌다, 집에 가자. 버스 탔으면 흔들어. 이 박사 저 박사 신나게 흔들어. 다 왔는데도 안 내려. 퇴근하고 싶은데 안 내려. 얼마나 초과해야 할까. 이 초과근무는.

권여선 작가는 「봄밤」을 쓰면서 울었는데 고쳐 쓰며 다시 울었다 했다. 이렇게 쓰인 소설이 괜찮은 건지 고민이 컸노라고 고백한다. 하지만 그가 쓴 주류酒類 소설이라면 믿을 수 있다. 장인에게서 나온 마스터피스랄까? 술 좋아하는 이가 술 마시는 사람들의 이야기를 썼으니 믿고 읽을 수 있다.

 소설을 읽는데 마음이 조금 흔들렸다. 이토록 습기 없는 세상에서 이처럼 마음 이상해지기가 어디 쉬운 일인가. 장인의 마스터피스란 그런 것.

 작가는 팟캐스트 〈책, 이게 뭐라고?!〉에서 문학의 힘을 '마음을 조금 움직이는 것'이라 말했다. 그렇다면 술의 힘은? 움직이는 마음, 이상해지는 마음을 기억할 수 있게 해주는 것, 홀로 그것을 들여다볼 용기를 주는 것, 그렇게 설명해도 괜찮을까? 초면의 어린 여자에게 자자고 할 수 있게 해주는 것, 굿 모닝 소주부터 굿 나잇 소주까지 마시고 흔들 수 있는 무적의 기력을 심어주는 것이기도 하고.

너무나 많은 이들을 너무나 오랫동안 좌절에 밀어 넣고 있는 코로나바이러스에 '덕'을 붙이는 것이 무척이나 조심스럽지만 술자리 문화가 달라진 건 다행스럽다. 이젠 오만 사람의 입술이 닿았던 소주잔을 입에 대지 않아도 되고, 맥주컵에 소주를 찰랑이게 붓고 달걀 노른자를 띄운 석양주(나 원 참)를 원샷하지 않아도 되니까. 고기 태우는 식당 대신 깔끔하게 치워진 우리 집 작은 테이블에서, 18시도 넘었는데 불편한 직장인용 옷으로 불편하게 앉아 있는 대신 18시가 넘었으니까 샤워를 하고 세상 편한 옷을 걸치고 세상 편한 자세로 앉아, 왁자지껄 먹고 마시는 대신 좋아하는 문학 잡지를 넘겨가며 시원한 맥주 한 캔 할 수 있어 좋다.

밥 벌어먹고 사는 데 비즈니스 술자리가 꼭 있어야만 하는 것이라면 인간 대 인간의 기본예의를 지키는 국가 공식 주도酒道 이수자들만이 참석할 수 있도록 강제하는 법 제정을 촉구한다. 누가 되었든 열악한 위치에서 땡땡땡의 비즈니스 술자리를 강요받는 꼴을 정말이지 더는 보고 싶지가 않다.

 오늘 밤도 술자리 초과근무를 나가야 하는 그대에게, 오늘 밤은 달달한 누군가와 입에 착 감기는 술을 나누어 마실 그대에게 권여선 작가의 책을 권한다.

●그런 초과근무는 사양입니다

 공직사회의 이런 면을 내보여도 되는 건지 조심스럽지만 조금씩 나아지는 개선의 행보를 응원하는 의미에서, 어디에선가는 여전히 이어지고 있을 면면들이 어서 빨리 뿌리 뽑히길 바라는 마음에서 지난날들을 불러와본다.

 나는 스물넷의 나이에 공무원이 되었다. 별다른 남녀차별 없이 자랐기 때문인지, 세대적 사고의 차이 때문인지 내게 주어지는 역할에 종종 당황스러웠다. 우선 팀의 막내 여직원은 일찍 출근해 팀장님의 책상을 닦고 컵을 씻어 물을 채워놓았다. 손님에게 차를 내는 것도, 쓰레기통을 비우는 것도, 간식을 차리고 치우는 것도, 회식자리에서 가장 높은 사람의 옆자리에 앉는 것도 젊은 여직원이었다. 이상하지 않나? 남직원보다 우수한 성적으로 합격했고, 그런 일들을 한다 해서 월급을 더 받는 것도 아닌데 어쩜 이렇게 자연스럽지? 남직원이 주요부서로 이동하거나 승진을 하면 인사가 순리대로 이뤄진 거였고, 여직원이 그 자리를 차지하면 '센 여자'의 타이틀이 주어졌다. 여직원들에게는 강약의 모든 모드가 요구되었는데, 근무시간에는 나서지 않는 약, 술자리에서는 즐겁고 요란한 주량의 강. 조금 과격하지만, 임신과 출산, 육아에 있어서는 어쩌면 무無를 원했을지도 모르겠다.

지금은? 내가 일하는 곳의 경우 여직원의 성비가 2003년 32%에서 2020년 49%로 늘었다. 신규채용의 경우 80%는 족히 되어보인다.

젊은 여직원들의 체감을 정확히는 모르겠지만 내 실감으로는 예전보다 조금은 나아진 것도 같다. 팀장이건 과장이건 책상을 치워준다는 건 눈이 휘둥그레질 일이고, 손님의 차는 관계된 사람이 낸다. 회식자리에서 막내 여직원에게 주어지던 역할, "○○씨가 과장님 옆에 앉지" 같은 발언은 많이 사라졌다. 인사의 경우 워낙 복잡한 요인들이 작용해 단정적으로 진단하긴 어렵지만 젊은 연령대의 경우 여직원에게 크게 불합리한 것 같지는 않다.

이렇게 써놓으니 공직사회에 획기적인 젠더평등이 실현된 것 같지만 '아직은'이 '여전히'다. 높은 연령대의 인

사는 순리대로 돌아가고, 젊은 층의 여직원이 인사에서 배제되지 않는 건 순리로건 억지로건 보호할 남직원이 적다는 요인도 함께 고려해야 한다. 탕비실 역시 여직원의 몫이다. 모두가 사용하는 티스푼, 쟁반 등속을 남직원이 설거지하는 모습은 공무원이 된 이래 단 한 번도 보지 못했다. 깨끗이 씻긴 티스푼으로 너무나 당연하게 모닝커피를 타 마시는 남직원에게서 '누구의 노동으로부터 얻는 커피인가' 따위의 고민은 상상조차 할 수 없다. 간식도 여전히 여직원이 차린다. 다 먹고 나면 남직원이 함께 정리하는 경우도 있는데 대부분의 경우 그들이 오랫동안 많이 먹기 때문이다.

박원순 씨의 성추행 사건이 있던 즈음 소설가 강화길, 만화가 수신지, 문학평론가 강지희의 대담 「사각지대에서 무대 위로-젠더 권력과 여성 신체의 경합들」(문학동네 103호)을 읽었다.

단편소설 「음복」과 웹툰 단행본 『며느라기』 속 남편들은 선하고 해맑고 악의 없는 남자들인데 그래서 더 밉다. 자신이 소유한 것이 권력인줄 모르는 남자들, 여자들의 몫을 빼앗아 쟁취한 것은 아니라고 생각하는 남자들을 보고 있자면 체기가 밀려온다.

  대담자들이 말하는 구조에 대해 생각해봤다. 권력의 부여와 행사, 순응과 내면화가 순환하는 구조. 권력 소유자의 악의 없음과 순진무구함, 미소유자의 시시해서 찌질한 고민들.

  아직도, 여전히 누군가의 권력을 받쳐주는 프레임 구석구석에 실금이 생기고 바람이 들고 균열이 나 종국엔 마구마구 흔들려 폭삭, 주저앉는 상상을 해본다. 제로 베이스. 평평하고 고른 땅 위에 대대손손 물려주어도 부끄럽지 않을 집을 제대로 짓고 싶다. 여자가 이렇게 많아졌는데 무슨 평등 운운이냐는 남직원들에게 짧지만 치명적인 멘트를 날리고 싶다. 아니지 싶은데도 어쩌겠나 하며 대를 잇고 있는 여직원들과 작당하고 싶다. 젠더가 아니라 능력으로 역할을 맡는 공직사회를 퇴직 전에 보고 싶다. 22년 남았다.

CHAPTER 04

그리고 다른 이야기들

●그 긴 걸 어떻게 다 써요

"혼자 하는 일 하고 싶어." "어. 진짜."

나의 다크서클, 너의 푸석푸석. 칙칙한 얼굴을 마주하고 앉아 직원들끼리 나누는 대화다. 다 내 마음 같지 않고, 다 내 생각 같지 않아서 옹기종기 복작거리며 사는 게 참 만만치가 않다. 오해, 짜증, 울화, 가식, 모멸, 어쩌구 들을 굳이 불러내지 않아도 우리는 모두 꿈꿔본 적이 있다. 혼자 누릴 수 있는 시공간을, 오롯이 혼자 차지할 수 있는 자신을.

초등학교에 입학하면서부터 이름, 생년월일, 성별, 가족관계, 취미 같은 것들을 지겹도록 써냈다. 사실을 기재하는 것이니 어려울 것 없었지만 특기 칸이 나오면 생각을 좀 해봐야 한다. 1차 난관 봉착. 내가 뭘 그렇게 잘하는 사람은 아닌데 그렇다고 비워놓기는 또 그렇고, 그냥 '만들기' 이런 걸로 대충. 문제는 그다음. 진짜 큰일이다. 2차 난관, 최고 난이도, '성격' 칸.

성격? 달랑달랑 신발주머니 흔들고 학교에 온 아이에게 이런 걸 답하라는 것이다. 네가 가지고 있는 고유의 성질이나 품성을 쓰도록 해. 네가 일으키는 현상들의 본질을 말이야. 어떤 상황에 대한 너만의 독특한 심리 체계가 있지? 다른 사람이랑은 다른 너만의 행동 양식. 그런 걸 써보도록 해.

외향적 or 내성적. 어디부터가 외향이고 어디까지가 내성인지는 모르겠지만 어쩐지 '내성적'보다는 '외향적'이 문제가 없어 보이니 외향을 택한다. 그런데 또 '내가 그렇게 외향적인 건 아니지 않나? 사람 많은 덴 좀 피곤한데' 하는 보루적 객관이 걸려 결국은 이렇게 적고 마는 것이다. 외향적인 편.

『명랑한 은둔자』는 정말이지 마음에 쏙 드는 제목이다. 은둔자만으로도 매혹적인데, 명랑하시기까지! 표지 그림 Karen Offutt의 「Taking it all in」을 감상하는 것만으로도 좋다.

저자 캐롤라인 냅의 마음은 불편의 연속이다. 저녁 약

속이 반갑긴 한데, 때가 가까워 오면 피하고만 싶다. 아픈 척할까? 누군가와 밀착된 시간은 겁이 나지만 친밀감에서 오는 느낌—존중받고 이해받는다는 느낌, 세상이 좀더 편해진 느낌, 단단한 유대감, 놀랍도록 따뜻하고 자유로운 기분—은 소중하다. 고독은 즐겁고 고립은 절망스럽다. 너무 잘 알겠다, 그 갈팡질팡을.

"나는 사랑받고 싶다. 한없이 한없이 한없이."[28]

편파적인 은둔 예찬을 기대했건만 냅은 아니었다. 좋았다 싫었다, 이쪽저쪽. 그런 그의 고백을 읽어갈수록 마음이 이상해졌다. 기시감을 느끼고 안쓰러움이 솟고 절레절레 고개를 저었다. 무엇보다, 그의 이른 죽음이 너무나도 안타까웠다. 왜 이리 마음이 쓰이는 걸까.

나는 그에게 우정을 느끼고 있었던 것이다. 잘못된 길로 저벅저벅 걸어갔던 여자, 정직하고 용감하게 자신을 직시했던 이 여자에게 친밀감을 느끼고 있었다. 갈팡질팡의 연속과 그 틈에서 지혜를 체득하는 냅의 해방을 진심으로 기뻐했다. 단 하루라도 바람과 볕이 좋은 날, 함께

---

28) 캐럴라인 냅, 『명랑한 은둔자』, 김명남, 바다출판사, 2020년, 81쪽

산책할 수 있다면 얼마나 좋을까. 세상에 없는 이에게 이토록 아련한 마음이라니.

앞으로 성격 칸을 채울 일이 있다면 아주 길고 길게 써볼 생각이다. 미안하지만 나는 딱 부러지게 외향적이거나 내성적인 사람이 아니고, 봄의 성격과 여름의 성격을 모두 가지고 있으며, 마음만 먹으면 사회생활용 메소드 연기도 수준급이니 소설 한 편 나올지도. 아니면 그때그때 내 맘에 드는 대로 적으면 어때.

혼자 하는 일을 하고 싶으냐고? 물론이다. 앞뒤 좌우 몇 겹을 둘러싸고 있는 타인들이 나는 어렵다. 하지만, 나 같은 애에게 기꺼이 어깨를 내주고 머리를 쓰다듬어 주고 손을 잡아주고 술주정을 받아주는 친구직원들 없이 나 혼자 뭔가를 해낼 수 있을까? 불가하지 않을까? 모르겠다. 수줍은 사회인, 음흉한 은둔자 정도로 그냥 살아야지 않나 싶다.

누가 누굴 돌본 건지

 사무실 내 책상엔 커피나무 두 그루와 싱고니움이 하나 있다. 커피나무는 앞선 두 번의 살목殺木(여름볕에 태워서, 겨울밤에 얼려서)에 대한 속죄로 이번이 정말 마지막이란 마음으로 들였다. 싱고니움은 지난가을 친구직원에게 선물 받았다. 난생처음 한 달 반의 긴 병가를 내고 복귀한 내게 토닥토닥을 담아 보낸 고마운 마음을 기억하려 가까이 두고 있다.

 음악 하고 글 쓰는 임이랑은 자신을 온 마음을 다해 식물을 좋아하는 사람이라 소개하고, 이제껏 이렇게 무해하고 이타적인 존재를 사랑해본 적이 없다고 고백한다. 세계의 모든 온실을 다녀오겠다는 야심 찬 계획을 실행 중이기도 하다. 반려라는 단어가 아직 낯선 내게 조금의 용기를 주어도 좋을 것 같아 그의 러브레터, 『조금 괴로운 당신에게 식물을 추천합니다』를 읽어보았다.

'식물을 좋아하는 사람이 되기 전에는 관심도 없던 것들이
반려식물이 늘어나면서 너무도 중요한 요소가 되었습니다.'[29)]

맞다. 나도 그렇다. 화분 세 개에? 정말이다. 선인장마저 죽여왔던 내게는 확연히 다른 날들이다. 비가 오면 화분부터 내놓는다. 비 맞은 녀석들은 키를 키우고 이파리마다 한껏 싱그러워진 생명력을 피워내는데, 솔직히 너무나 사랑스럽다.

'이제는 식물이 조용히 멈추거나 시들해졌을 때
그 속도에 맞춰 물과 햇빛도 줄여줍니다. 그들도 잠시
정적을 보내고 싶어 한다는 걸 알게 되었거든요.'[30)]

용서 구하는 마음으로 들인 커피나무이고, 용서받는 마음으로 곁에 두는 싱고니움인지라 이들의 성장에 조바심 내지 않는다. 물론 손주 바라는 심정으로 커피콩을 기다리긴 하지만.

---

29) 임이랑, 『조금 괴로운 당신에게 식물을 추천합니다』, 바다출판사, 2020년, 54쪽
30) 임이랑, 『조금 괴로운 당신에게 식물을 추천합니다』, 바다출판사, 2020년, 87쪽

예전엔, 잘 자라던 녀석들이 어느 날 갑자기 노골적으로 보이콧을 드러낼 때면 그 냉정함에 당황했었다. 물이 부족했나(과했나)? 해가 너무 뜨거웠나(약했나)? 흙이 힘을 잃었나? 나 없을 때 직원들이 보복성 해코지를? 지금은 슬쩍 모른 척해준다. 그래, 안 쳐다볼게. 나쁜 거 아냐. 너희들 심심해지면 다시 만나.

 마당 있는 집에 살 수 있다면 사과나무를 심고 싶다. 조금 더 추운 곳이라면 자작나무도. 해가 좋은 곳엔 네덜란드 작약도 심어야지. 봄이 되어 꽃이 피면 모처럼 설렐 수 있으리라.
 혹시 당신, 지금 괴로운 중이라면 상처 입은 딱한 마음 가만히 위로해주는 초록 생명을 곁에 두어 보시기를. 임이랑 그의 말처럼 좋은 공기와 좋은 나무들 사이에서 보내는 시간은 사람을 불행에서 끄집어내는 힘이 있을지 모르니 말이다.

● 점심시간

"오늘은 뭐 먹지?" 점심밥, 어떻게 드시는지 궁금하다.

나의 점심 역사를 돌아보자면 엄마가 싸주는 도시락 아니면 학교 급식이었으니 주어진 대로 먹으면 되었다. 학교를 졸업하고 나서는 무얼 먹을지 가끔 고민하기도 했으나 음식에 큰 관심이 없는 데다 타고나길 혀 바보인지라 남들 먹자는 대로 따라가는 게 편했다. 그렇게 선택하지 않은 점심을 먹은 세월이 대략 36년.

작년 가을, 공황장애가 극으로 치달았다. 사람들과 한 공간에 있는 것이 너무나 고통스러웠다. 심장이 조이고 숨이 가쁘고 온몸의 근육이 뒤틀렸다. 그때부터 점심시간을 홀로 보냈는데 다행스럽게도 훌륭한 회피이자 치료가 되었다. 빵으로 간단히 요기를 하면 남은 시간을 한참이나 바람을 쐴 수 있었다. 죄지은 사람마냥 차 안에서 서

둘러 몇 입 먹는 게 궁상맞긴 했지만 중증 불안장애 환자에게 문 닫힌 차는 더할 수 없이 안전한 공간이었고 홀로 걷는 시간은 온전치 못한 마음을 위로하는 데 제법이었다.

면사무소로 발령을 받고 점심시간이 다시 곤혹스러워졌다. 같이 안 먹겠다고 하면 팀원들 어려워한다는 주변의 충고가 일리 있었고 병세도 조금씩 나아졌으며 남들 불편하게 만드는 게 싫어 다시 점심을 먹었다. 하지만 이내 식당을 오가고 음식을 기다리고 먹는 것에 점심시간을 다 쓰는 것이 아까워졌다. 밥을 먹은 이후도 불편했다. 음식들은 대체로 짜거나 달거나 매웠고 그래서 많이 먹게 되어 힘이 들었다. 더욱이 그즈음 채식을 시작해 이래저래 점심시간이 골칫덩어리였다. 언짢은 마음이 커질 무렵 코로나 확산으로 일이 늘어 점심시간 교대근무를 해야 하는 상황이 되었다. "걱정 마! 맘껏들 먹고 와!"

사회생활 하며 채식하기. "그게 가능해?" 묻는 이들이 많다. "어렵지. 그런데 가능해"가 내 답이다. 동물성 단백질에 대한 맹목적 신뢰와 고기 없는 밥상을 빈약하다 여기는 경향 탓에 채식은 별난 것으로 여겨진다. 다행히 요즘 들어 비건임을 알리거나 채식 지향으로 산다고 말하는 유명인, 작가, 예술가들이 자주 보이지만 조직생활을 하며 채식을 하기란 정말이지 쉽지가 않다. 오죽하면 '채밍아웃'이란 말까지 있을까.

우선 채식을 할 수 있는 식당과 메뉴가 드물다. 있다 해도 직원들에게 매일 그렇게 먹자고 말하는 것은 불가능하다. 동물권과 환경, 생태, 공동체를 생각해 육식 지양이 옳다고 믿지만 점심밥 한 끼로 직장 삽질의 스트레스를 씻어내는 동료들을 밥상 앞에서 불편하게 하고 싶지는 않다(비겁한 채식일까? 생각 중이다).

여하튼 '나 홀로 점심시간'을 되찾아 좋았다. 한 가지만 먹으면 어쩐지 초라한 느낌이 들고 영양 불균형이 우려돼 오트밀과 바나나, 고구마와 사과 같은 식으로 먹었지만 어차피 저녁식사로 밥과 반찬을 먹고, 음식마다 영양소들이 일정 부분 함유되어 있어 지금은 그중 한 가지만 먹는 날이 대부분이다.

그게 밥이 되냐고? 된다. 충분하고 훌륭하다. 일단 맛이 섞이지 않아 그 하나의 맛에만 집중할 수 있다. 고구마가 이렇게 달았던가? 사과가 이렇게 상큼했던가? 혀 바보가 조금씩 눈을 뜨고 있는 중이다(며칠 전 캔맥주를 따고 새우깡 하나를 집어 먹었다가 깜짝 놀랐다. 짜! 진짜 짜!).

또 필요한 만큼만 먹을 수 있다. 식사를 하다 보면 이거 한 입 먹고, 궁합 맞는 다른 하나 집어 먹고, 짜니까 밥 한술 넣고, 밥 넣었으니까 매콤한 거 한 젓가락, 매우니까 안 매운 거 또 한 젓가락…. 자극적이지 않은 자연식 한 가지를 천천히 먹으면 간소하고 적당한, 우아하고 평화로운 식사가 가능해진다.

게다가 이런 식사는 창밖의 계절을 즐기며 천천히 꼭꼭 씹어 먹어도 15분이면 충분하다. 남은 45분을 좋아하는 팟캐스트를 듣고 햇볕 산책을 하며 온전히 갖는다. 땅이 기른 자연식과 산책에서 얻은 에너지는 오후시간을 거뜬하고 가볍게 보낼 수 있게 해준다. 아, 돈도 아낄 수 있다. 한 끼에 7천 원 잡으면 한 달에 14만 원. 책 사는 죄책감을 덜 수 있으니 정말이지 나는 요즘, 아주아주 흡족한 점심시간을 보내고 있다.

채식이나 자연식에 관심이 있다면, 또는 채식과 자연식에 반박하고 싶다면 『헬렌 니어링의 소박한 밥상』을 권한다. 책머리에서 그녀는 자신을 '요리를 잘하지 못하면서 잘하려고 신경 쓰지 않는 사람'이라 소개한다. 자신은 요리보다 좋은 책을 읽고 쓰고, 좋은 음악을 연주하고, 벽을 세우고, 정원을 가꾸고, 수영을 하고, 스케이트 타는 걸 좋아하는 사람이라 말한다. 자신의 요리는 날것의 재료를, 최대한 섞지 않고, 최소의 노력과 시간을 들여, 가장 소박하게 내는 것이라 말한다.

굳이 분류하자면 요리책이어야겠지만 그래도 나는 굳이 아니라고 말하고 싶다. 자신의 책을 요리를 많이 하지 않는 법을 배우기 위해 읽어달라는데, 그렇게 아낀 시간과 에너지를 시를 쓰고, 음악을 즐기고, 자연과 대화하고, 친구를 만나는 데 쓰자는데 요리책이라 하고 싶지가 않다. 무엇보다 90 평생 건강하고 아름다운 소신으로 평화의 삶을 실천한 그의 철학이 담겨 있으니 (웃기기까지!) 나는 이 책을 그녀와 닮은 모습으로 살고픈 이들에게 괜찮은 지침서로 건네고 싶다.

다음 인사이동 판에 내 이름이 들어간다면 지금의 이 만족스러운 점심을 지킬 수 있을지 모르겠다. 36년을 선택 없이 살았으니, 이제 남은 점심은 내 선택으로 살고 싶은데.

걷다 보면

  내 등산화는 구닥다리다. 2006년 첫 월급으로 샀으니 무겁기도 하고 투박하기도 하고 심지어 앞코가 살짝 떨어지기까지 했다. 하지만 아주 못 쓸 정도는 아니고 색깔도 마음에 쏙 들고 무엇보다 폐인이 되어가던 나를 씩씩한 사람으로 키워주었으니 나는 내 등산화가 좋다.

  2015년, 나는 아주 엉망진창인 상태였다. 아팠다기보다는 광속으로 늙어가고 있었다. 어느 날 직원이 폴라로이드 사진을 한 장 찍어주었는데 몇 년 전 입원실 창가에서 하는 수 없이 웃어주었던 우리 외할머니가 서서히 모습을 드러냈다. 내가 얼마나 보고 싶어 했는데, 거울이나 볼 걸 그랬네. 깊은 잠을 자지 못한 게 하루 이틀이 아니었지만 정말 하루 이틀이 아니어서 괴로웠다.

  "산에 가보자." 동네 뒷산 좋아하는 1인, 같이 놀고 싶은 1인, 살 빼고 싶은 2인, 산 정도는 뒷짐 지고 타는 1인의 친구직원들(이 특별한 이들을 어떻게 표현해야 할지 도무지 모르겠다)과 뭉쳐 '첩첩산중'이라 이름 짓고 주말 아침 만나 수다로 산을 타고 진정 못생긴 얼굴이 되어 정상 사진을 찍은 다음 다시 수다로 하산했다. 월요일이 되면 저마다의 기술로 미모는 되챙겨 출근했지만 구내식당을 내려갈 때는 망측한 신음소리를….

산에 다녀온 날이면 잠을 잤다. 봄에는 어린 연둣빛 피어나고 여름이면 초록이 원숙해지는 산, 가을은 침착하게 겨울은 반듯하게 자리를 지켜주는 산으로 가 흙길을 밟고 돌계단을 올랐다. 보드라워졌는데 단단해진 기분, 안전한 곳에 몸을 둔 기분이었다.

"나는 싱싱하고 푸른 길을 따라 동쪽으로 걸었다."[31]

『와일드』는 셰릴 스트레이드가 미국 퍼시픽 크레스트 트레일(PCT)의 4,285km을 걸었던 기록이다. 셰릴의 어머니는 남편의 폭력을 거부하며 아이들과 함께 새로운 삶을 시작한다. 가난하고 고되었지만 그래서 더 단단한

---

31) 셰릴 스트레이드, 『와일드』, 우진하, 나무의철학, 2015년, 543쪽

가족이어야 했다. 씩씩하게 자신과 아이들을 지켜냈던 어머니가 병으로 세상을 떠나자 셰릴은 세상살이에 무방비가 된다. 이미 결혼까지 한 성인이었지만 대책 없이 무너진다. 처음 만나는 남자들과 밤을 보내고 밑바닥의 시간들을 살다 결국 이혼을 하게 된다.

걷잡을 수 없는 날들을 살아가던 어느 날, 마트 계산대에서 펼쳐든 잡지에서 셰릴은 PCT 도보여행길을 보게 된다. 멕시코 국경에서 시작해 미국 서부를 종단하여 캐나다 국경에까지 이르는 4,300km의 트레킹. 자신보다 큰 배낭에 휘청이면서도 그는 길 위에 선다. 때로는 인간을 허락하지 않는 듯 거칠고 무자비하지만 또 때로는 눈부시게 아름다운 길을 걸으며 그는 방울뱀과 곰을 만나고, 집요한 기억과 상처, 그리고 날것으로의 자신을 대면한다.

아, 그래서 첩첩산중이 산에는 계속 다녔느냐고? 폭설의 한라산에 오르다 제주에 갇히기도 하고, 아기 멧돼지 엉덩이를 보고 기겁하기도 하면서 한 달에 한 번씩 산에 다니긴 했는데… 어찌하다 보니 (누구는 고관절이, 누구는 무릎 연골이 나가고 또 누구는 이상하게 살이 더 쪘고 또…) 산길보다는 여행길을 함께 다니게 되었다. 바다를 찾고, 낯선 골목을 탐하고, 맥주를 마시고, 눈 쌓인 자작나무 숲을 걸었다. 양심상 (아무리 그래도 무려 '첩첩산중'인데) '우리 산에 안 가?' 누군가 말은 꺼내지만 아무래도 산에 오른 못생긴 사진은 더 이상 찍지 않을 것 같다. 대신 정상의 얼굴 못지않게 벌겋던 영혼을 토닥이고 위로받은 표정들의 여행 사진이 쌓여가니까. 사진 속 우리는 충분히 편안해 보이니까. 서로가 무엇에 기뻐하고 어떤 상황에 취약한지 잘 알지만 요란한 축하와 위로 대신 묵묵히 자리를 지켜주는 이들과 산을 걸은 기억으로 나는 씩씩하게 살아가는 중이다.

 대략 이런 연유로 나의 구닥다리 등산화는 신발장 가장 좋은 자리에 모셔져 있다. 경로우대의 느낌이 없지 않지만 내 등산화는 아직 젊고 나는 다시 산과 숲을 찾게 될 테니 그 정도 대우는 받으셔도 된다.
 당신도 걸어보면 어떨까. 등산화까지는 필요 없다. 잘 맞는 신발을 신고, 어깨를 펴고, 딱딱해진 얼굴 근육의 힘도 빼고. 기왕이면 이어폰은 두고 가시기를. 나뭇잎도 소리를 내고 2021년의 새들도 여전히 노래한다는 걸 당신에게 알려드리고 싶다.

읽을 때마다 다시 산다

 자치행정과 서무팀. 내 공무원 인생의 시작점이다. 직원들의 취미 동아리 지원이 업무 중 하나였다. 지원이라고 해봐야 크지 않은 금액이었지만 좋아하는 걸 함께하는 사람들끼리의 우정을 싹틔울 수 있는 기회는 되었다.

 세금으로 공무원들 노는 것까지 대주어야 하느냐, 묻고 싶을지 모르겠다. 하지만 복지 차원뿐만 아니라 조직 전체의 생산량과 성장 가능성을 높이기 위해, 지속 가능한 발전을 위해 동아리 같은 비공식 조직을 지원하는 일터가 많다. 내 경우도 사물놀이와 산악회, 스키 동아리 회원이었고 (좀 많나?) 야구, 축구 동아리 경기 때 가끔 구경을 가곤 했는데 그렇게 사무실 밖에서 함께 땀 흘리며 깔깔거린 직원들과는 훨씬 부드럽고 수월하게 협업할 수 있었다. 시민들을 위한 일들을 처리하면서 말이다. 그러니 너무 아까워하지 않으셨으면.

지금은 학습 동아리도 지원한다. 영어, 중국어, 일본어, 베트남어 같은 외국어 공부를 한다거나 (영어 동아리 회원들은 영어 버전 시市 홈페이지를 정비했다. 세금 아까우실까 봐. 세금충 트라우마) 지역 곳곳을 답사하며 문제점을 찾고 정책을 발굴한다. 그리고, 책을 읽는다.

내가 계속해 책을 읽는 이유는 그것이 아주 완벽하게 홀로일 수 있는 방법이기 때문이다. 같은 공간에서 같은 순간에 같은 문장을 '함께' 읽는다 해도 지나온 세월이 다르고 각자의 방식으로 지금을 감각하는 우리의 독서는 '저마다'일 수밖에 없다. 나는 독서가 그런 것이어서 좋다. 관계도, 책임도, 무엇도 모두 다 차단하고 홀로 빠져들 수 있는 행위여서 좋다. 살기 위해서는 그런 순간이, 환상적인 시공간의 전환이 필요하다.

장은수 前 민음사 대표가 전국 스물네 곳의 독서 공동체를 인터뷰한 책, 『같이 읽고 함께 살다』를 읽었다.

놀라웠다. 이들은 책을 읽는다는 것이 무언지를 언어로 표현할 수 있었다. 사랑을 정의해보라는 주문처럼 독서에 관한 물음 역시 내게는 퍽이나 난감한 질문인데 이들은 자신 있게 말한다. '타자의 혀로 자신을 고백하는 행위'[32], '세상의 모든 것과 이어지는 플랫폼.'[33]

함께 읽는 것은 익숙한 것, 미처 알아채지 못했던 것들을 흔들어 깨워내는 일인 모양이다. '자신과 낯설고 깊게 만나는 것'[34], '억눌렸던 나를 찾아 내면의 지층을 파고드는 일'.[35]

유연해지기 위해 책을 읽지만 혹시 그 책들이 나를 더욱 뻣뻣하게 만드는 건 아닌지 문득 두려울 때가 있다. 균형추를 맞추기 위해 나름의 노력을 하지만 무한에 가까운 책의 세계에서 한 권의 책을 꺼내 읽는 것이 자의의 늪에서 얼마나 자유로울 수 있을까. '나는 옳고 너는 그르다는 식의, 권력의 허위를 이겨낼 수 있는 힘'.[36]

내가 책을 읽는 또 다른 이유는 행동하는 사람이고 싶

---

32) 장은수, 『같이 읽고 함께 살다』, 느티나무책방, 2018년, 89쪽
33) 장은수, 『같이 읽고 함께 살다』, 느티나무책방, 2018년, 75쪽, 「김해 행복한책읽기」 백쌍미
34) 장은수, 『같이 읽고 함께 살다』, 느티나무책방, 2018년, 64쪽, 「보령 책읽는마을」 문석주
35) 장은수, 『같이 읽고 함께 살다』, 느티나무책방, 2018년, 93쪽, 「시흥 상록독서회」 문희정
36) 장은수, 『같이 읽고 함께 살다』, 느티나무책방, 2018년, 66쪽, 「보령 책읽는마을」 원진호

어서다. 책을 읽어 채식을 하고 지구를 생각하고 연대를 유념하게 되었다. 하지만 종종 찾아오는 의심, '너무 미약한 것 아닌가' 하는 물음표가 던져질 때면 힘이 빠진다. '선한 갈등이 생겨, '어떻게'를 생각하면서 살게 돼'[37], '추구하는 가치를 지속할 수 있다는 자신감'[38], '살아가면서 답을 찾는 것이 아니라, 먼저 답을 내리고 살아가는 것이다. 세상에 낯선 길을 내고, 자꾸 그 주변을 걷고 다지면서 길을 이룩한다'.[39]

아무리 그럴대도 홀로 읽기를 그만둘 생각은 없다 당연히도. 내 삶을 내 마음에 들게 만들어가는 가장 폼 나는 방법이고, 삶을 세우고 매만진다는 것은 결코 그 누구도 대신해줄 수 없는 일이기에 혼자 하는 독서를 계속할 수밖에 없을 것이다. 독서 공동체는 그런 나의 고집과 절박함까지도 껴안는다. '책과 인간은 상성이 있어.'[40]

자, 고백하자. 이 증언들을 모두 읽기도 전에 독서모임

---

37) 장은수, 『같이 읽고 함께 살다』, 느티나무책방, 2018년, 25쪽, 「전주 북세통」 김기원
38) 장은수, 『같이 읽고 함께 살다』, 느티나무책방, 2018년, 174쪽, 「순천 부꾸부꾸」 김형은
39) 장은수, 『같이 읽고 함께 살다』, 느티나무책방, 2018년, 187쪽
40) 장은수, 『같이 읽고 함께 살다』, 느티나무책방, 2018년, 45쪽, 「부천 언니북」 이성순

에 가입했다. 20, 30대의 모임이라고 한다(1년만 하고 나가라고 하면 어쩌지…). 남들보다 조금씩 이르게 생애 주기를 거쳐 왔는지라 그들과 나의 생활은 거리가 멀겠지만 그런 이유로 같이 읽기, 함께 읽기가 내게 더 큰 무엇이 될지도 모르겠다는 생각을 하며 오늘 밤, 다시 혼자 책을 읽는다. 좋다.

덧붙임 출판사 창비가 플라스틱 병뚜껑 모으기 등의 사회문제 미션을 수행하는 온라인 독서모임을 운영 중이란다. 젊은 층의 문학 잡지 독자층이 늘어가고 있다고. 가입… 해?

다시 숲으로

 '활력환'이라고 들어보셨는지 모르겠다. 하는 것마다 안 풀리고 뭘 해도 재미없을 때 한 알 삼켜보시라. 눈빛이 살고 총기가 돌아올 것이다. 하늘이 보이고 숲 내음이 들어오고 바다가 들릴 것이다. 일상을 그 자리에 두고 훌쩍 떠나버리는 것, 여행.

 내 키만 한 우리나라 전도全圖를 벽에 붙여두고 여행을 다녀올 때마다 칭찬받은 아이처럼 좋아하며 스티커를 붙였다. 동그라미가 붙은 곳은 추억을 두고 와 좋았고 아직 비어 있는 곳은 설렘이 있어 좋았다. 방을 드나들다 지도가 눈에 들어오기만 해도 마냥 좋았다. 효험 한 번 신통방통한 나의 활력환.

 지금 나의 지도는…. 어디에 있긴 있을 것이다. 결혼을 했고 아이들이 태어났고 업무가 늘었다. 해야 할 일들이 사방에 위협적으로 쌓여갔고 늘 부족한 시간에 허덕였다.

활력환? 참으로 깜찍도 했구나.

 코로나19로 집도 직장도 비상이다. 아이들은 학교에 가지 못했고, 남편은 코로나 담당자로 차출되어 밤낮 주말이 뭉개졌다. 나는 나대로 격리자들에게 매일 먹거리와 생필품을 배달하고 타격이 큰 취약계층을 추려 기부품을 배부하느라 정신이 없었다. 학교에 가지 못하는 손주들을 기약도 없이 맡아야 하는 부모님의 돌봄노동에 대해서는 차마 언급할 면목조차 없었다.
 면사무소를 찾는 사람들은 화가 나 있었다. 마스크가 없어서, 일자리를 잃어서, 여당이 미워서, 장터가 서지 않아서 소리를 질렀다. 무엇 하나 해결해줄 수 없는 면서기들의 대답은 궁색할 수밖에 없었고 철밥통을 끌어안은 공무원을 향한 노골적인 비난의 눈빛에 상처받았지만 오죽 어려우면 면사무소에 와 소리를 지를까 생각했다.

 '숲'이라는 한 글자와 초록 오솔길 사진에 『토닥토닥, 숲길』을 골라 들었다. 남편과 아내가 주말마다 다녀왔던 숲 여행을 모아 책으로 엮었다. 소박하고 가볍게, 느리고 깊게, 오래도록 천천히 산책하고 사색한 이야기다.

뽐내지 않는 여행기여서 좋았다. 낯선 여행지에 가 발을 디디는 순간 시간은 왜곡되고 늘어나더라고, 일상에는 없는 낯선 감촉과 소리와 냄새가 느린 시간 사이사이를 파고들더라고 가만가만 이야기한다. 겨울을 지나 부드러워진 흙을 헤치고 나온 보리싹들은 봄이 늦도록 푸른 꿈을 꾸다 초여름이 오면 여문 보리가 된다고 말한다.

코로나가 잦아들면 숲을 걷고 싶다. 뛰놀지 못했던 아이들과 맨발이 되어 보드라운 흙길을 밟고, 고단했던 가족들과 나란히 앉아 나뭇잎 사이로 내리는 조각볕을 구경하고 싶다. 그렇게 숲에서 고생 많은 마음들을 토닥이고 싶다.

나의 봉두난발 그대

요즘 나는 남편과 이런 대화를 나눈다.

"이번 두통은 오래가네." / "나이 들어서 그래."
"이 집 짬뽕이 원래 이렇게 매웠나?" / "나이 들어서 그래."
"팔에 점이 생겼어." / "나이 들어서 그래"
"글씨가 옛날이랑 달라진 거 같아." / "나이 들어서 그래"
"이상해, 맥주 고거 마셨는데 배불러." / "나이 들어서 그래."
"나 지금 뭐 하려고 그랬지?" / "나이 들어서 그래."

선창자와 응답자를 구분할 필요는 없는데, 둘 다 어떤 역이든 자신 있기 때문이다.

나이 들어서 그런 게 자꾸 많아지는 남편이 후배 직원

과 '함께' 분통을 터뜨리려 했던 남부끄러운 에피소드를 몰래 공유한다.

 (남편) "어쩌냐. 젊은 직원들끼리 했으면 좋겠대."
 (후배) "네? 그럼 저 혼자 하라는 거잖아요!"

 나는 이런 노인을 좋아한다. '세상은 이런 곳이야.' 가르치는 대신 '얘들아, 나한테 이런 일도 있었단다' 이야기를 들려주는 노인. '그거 다 내가 한 거야.' 자랑 대신 '내가 이런 멍청한 짓들도 했다니까!' 용기를 주는 노인. '내가 누구누구와 각별했지.' 처세 대신 '나는 그이의 그런 점이 부러웠단다. 닮고 싶었지.' 지혜가 있는 곳을 넌지시 일러주는 노인. 정말 웃긴 말을 할 줄 아는 노인. 그래서 폼 나는 노인.

 십 년 전, 노인업무를 보며 인간에 대한 회의로 심각하게 전종轉種(?)을 고려한 적이 있었다. 지혜, 포용, 미소, 너그러움 이런 것들이 오랜 세월을 살아낸 인간이 지닌 것들이라 생각했던 탓이다. 후배 인간은 선배 인간에게 조언을 구하고 속상함을 투정하고 가끔은 눈물을 보여도 괜찮은, 그런 훈훈함이 우리 종족의 미덕이라고. 그래서 상처받았다. 노인들의 아집과 노여움, 편협과 독선을 마주할 때마다 '저는 이만 탈퇴하겠습니다.' 나가고 싶었으나 다행히도 훨씬 많은 노인이 나를 인간종으로 남을 수 있도록 해주었다. 고맙습니다.

미국의 계관시인 도널드 홀의 『죽는 것보다 늙는 게 걱정인』을 읽었다. 아무렇게나 놔둔 백발의 머리칼, 색 조합과 스타일을 전혀 고려치 않은 패션(테러)의 노시인이 나이 듦에 대한 몸의 경험과 마음의 상념을 열네 편의 에세이에 담았다. 혹 문학가의 아름다운 문장을 기대한다면 그의 시를 읽어보는 게 좋겠다. 이 에세이는 지하철, 카페, 도서관, 회사에서 푸핫, 입꼬리가 올라가도 감당 가능한 분들에게만 권한다.

"노령이라는 세계는 미지의 우주이자 뜻밖의 영역일 수밖에 없다. 그것은 낯선 것이고 노인들은 별개의 생명체다."[41]

불확실한 미래에 대한 불안은 젊은이들의 것이라 생각해왔다. 노인들의 삶은 매일이 같을 테니까, 새로운 인연

---

41) 도널드 홀, 『죽는 것보다 늙는 게 걱정인』, 조현욱·최희봉, 동아시아, 2020년, 18쪽

이나 흥미로운 사건은 없을 테니까. 모자란 추측이 미안하다. 청춘의 체감과는 다른 하루하루를 통과하는 그들의 매일이 결코 같을 수 없을 터인데 그 불안을 짐작하지 못했다.

'나는 여든을 넘겨 생존하고 있다. 신기하게도 쾌활하게 생활한다.'[42] 그는 건강한 마음으로 나이 든 삶을 살았고, '어제는 안락의자에 앉은 채 잠이 들었다. 나는 앉아서 잠드는 사람이 아니다.'[43] 매일 새로워지는 몸을 살다가 여든아홉의 나이에 생을 마쳤다. 파란색 안락의자에 앉아 고양이를 쓰다듬고, 구부정한 등으로 글을 쓴 이 노시인에게 고백하고 싶은데 어쩌지. 나 당신처럼 나이 들고 싶어요. 나의 산타가 되어주세요.

덧붙임 그가 좋아할지 모르겠으나, 하긴 본인이 책에도 썼으니까, '도널드 홀 오바마' 이런 식으로 검색하면 봉두난발의 그를 만날 수 있다. 좀 귀여우니 보시기를 권함.

---

42) 도널드 홀, 『죽는 것보다 늙는 게 걱정인』, 조현욱·최희봉, 동아시아, 2020년, 67쪽
43) 도널드 홀, 『죽는 것보다 늙는 게 걱정인』, 조현욱·최희봉, 동아시아, 2020년, 198쪽

죽음을 생각하는 시간

 2008년, 노인업무를 보았다. 기초연금과 노인장기요양보험 시행, 노인일자리와 노인복지관 활성화 등 고령화 사회에 대한 정책적 대응을 구체화하던 때였다. 특히 이전엔 세심히 살피지 않았던 독거노인에 대한 돌봄사업이 시작되었다. 전담 인력을 채용해 현황을 전수조사하고 안부통화와 정기 방문으로 어르신들의 상황을 살폈다.

 어느 날 돌보미 선생님 한 분이 급하게 전화를 걸어왔다. "○○○ 할머니 돌아가셨어요. 전화 안 받으셔서 혹시나 하고 와봤는데…." 현장에 가보니 구급대원들이 수습을 하고 있었다. 한 칸에 말 한 마리씩인 마사처럼 세입자가 칸칸의 방에 들어 사는 '말방'이라는 집이었다. 할머니는 앞으로 고꾸라진 채 숨을 거두셨다고 했다. 담당자니까 들어가 봐야 하는 게 아닐까 생각했지만 도무지 발이 떨어지지 않았다.

내가 일하는 지자체는 작은 도시여서 시립납골당을 직접 운영한다. 큰 꼬마를 가졌을 때 그 업무를 맡았는데 공공일자리 한 분을 배치했지만 일자리 운영이 연중 지속되지 않았고 그분에게 일이 있으면 직접 나가 유골을 안치해야 했다. 그럴 때마다 배 속 아이에게 어찌나 미안하던지.

75세 이상 어르신들에게 분기별로 택시 이용권을 지원했을 때는 매 분기마다 명단을 업데이트하며 그사이 사라진 이름들을 삭제했다. 석 달 전에도 살아 있던 누군가의 이름을 지워 없앤다는 게 영 내키지 않았다.

요즘 민원업무를 하며 여러 민원인의 신분증에서 장기기증 스티커를 본다. 나도 그러려고 마음먹긴 했었는데. 15년 전부터.

"죽음 그 자체에 대한 숙고만으로도"[44]

죽음을 분석하는 법의학자 유성호 교수는 매주 시체를 보러 간다. 시신을 살펴 왜, 어떻게 사망하였는지를 밝혀낸다. 순리와는 먼 방식으로 죽음을 맞은 시체들을 진단

---

[44] 유성호, 「나는 매주 시체를 보러 간다」, 21세기북스, 2019년, 167쪽

해온 그는 삶을 대하듯 죽음 역시 자연스러운 것으로 대해야 한다고 말한다.

독거노인의 고독사 현장이 무서웠던 것도, 납골함에 안치할 유골을 받아들며 움찔한 것도, 죽어 사라진 이들의 이름을 삭제하며 주저한 것도, 장기기증 신청을 미루었던 것도 죽음에 대한 거부 때문이었을 것이다. 때가 되면 아이가 걸음을 떼고 소년의 목소리가 묵직해지는 것처럼 죽음 역시 시기가 되어 이루어지는 것뿐인데 어째서 나는 그것이 께름칙할까? 나이 들어 가까운 글자가 보이지 않는다 해서 보는 것을 거부한다거나 보이는 것을 차단하지는 않는 것처럼 죽음 역시 생의 한 조각으로 인정하는 것이 내 삶을 아끼는 방법이었을 텐데.

> "왜 삶의 가장 중요한 마지막 스토리를 내가 못 쓰고
> 다른 사람이 쓰게 하는 것일까?"[45]

유 교수는 매년 유서를 쓴다. 자신이 죽으면 아내가 결혼할 때 마련해준 예복을 입히고 애장했던 신발을 신겨 달라고 유언도 해두었단다. 나도 기획을 시작해야 할 것

---

45) 유성호, 『나는 매주 시체를 보러 간다』, 21세기북스, 2019년, 238쪽

같다. 아무래도 나보다 나은 나의 죽음 플래너를 찾기는 어려울 테니까. 기왕이면 나 살던 모습과 닮은꼴의 죽음이면 좋겠다. 우선 장기기증부터 신청하고, 사전 연명의료 의향서를 쓰고, 공들여 유서를 써봐야겠다. 삼베옷 같은데 괜한 돈 쓰지 말고 내가 즐겨 입던 청바지와 후디에 운동화로. 책가방에 연필과 책도 넣어달래야지. 장례식은 반나절만 잡아 책 낭독회로 진행해달라고 하면 어떨까. 죽은 나를 위해 당신 마음에 드는 책 한 구절을 당신 목소리로 읽어달라고 부탁해야겠다. 마음에 드는 음악 몇 곡 적어두는 것도 잊지 말아야지.

혹 어떻게 살아야 할지 모르겠다면, 어떻게 죽어야 할지를 생각해보면 어떨까? 이 책이 당신에게도 죽음과의 상견례가 될 수 있다면 좋겠다. 첫인사가 어색해도 한 번, 두 번 떠올리다 보면 그야말로 자연스럽고 품위 있게 '끝!' 할 수 있지 않을까?

서른아홉의 꿈

2021년 서른아홉. 올해도 나의 장래희망은 도서관장. 내가 일하는 지역의 시립도서관 두 곳은 6급이 관장직을 맡으니 허무맹랑하지만은 않다. 인사이동 희망 보직 신청 기간마다 간절히 고민은 하는데 이런저런 이유로 쓰지는 못하고 '정말, 진짜, 좋을 텐데' 아쉬워만 한다.

* 그런데 왜 장래희망이 '일과 직업에 대한 희망'으로 정의되었을까? 놀이나 연애, 공상이나 쓸데없는 짓 같은 것들에 대한 희망이면 어때서?

"저 이 책 정말 좋게 읽었어요. 뭐랄까, 확장되는 느낌?" 책을 대출해주며 도서관 직원이 말했다. 저자가 도서관 사서로 지내며 겪었던 경험과 품었던 생각들을 엮은 책이니 그렇게 느꼈을 법하다. 그 느낌, 정확히는 설명할 수 없지만 분명 뭔가가 더 채워지고 무엇엔가 더 크게 연결되었다는 느낌을 그는 오래도록 기억할 것이다. 우리는 그래서, 바로 그 '뭐랄까'의 경험 때문에 다음 책을, 또 그다음 책을 계속해 읽어나갈 수밖에 없다.

　『도서관의 말들』의 강민선 작가가 사서가 된 이유는 '도서관이 좋아서'였다. 얼마나 좋으면 직업으로까지 삼았을까. 얼마나 근사한가. 책 공간이 일터라니! 책이 일거리라니! 나 역시 사서직 전직을 생각해보았으나 시험을 다시 봐야 된다기에 포기.

　도서관 이용자에서 노동자가 된 저자의 삶은 어떻게 달라졌을까. 당연히 직업병에 걸렸다. 도서관은 이제 각종 '힘들었겠군'의 노동과 피로의 공간이 되었다. 책도 서가도 행사 포스터도 전부 다. 하지만 이 책에는 '그럼에도'가 한가득이다. 그래서 나는 '그럼에도' 부러워할 수밖에 없었고.

> "사서로서, 나는 단지 어느 특정 국가에 속한 것이 아니라 전 세계에 속해 있다."[46]

　다음 인사 시즌이 되면 다시 고민할 게 뻔하다. 써? 말아? 물론 쓴다고 되는 건 아니다. 경쟁도 치열하고 내가

---

[46] 고인철 등, 『위대한 도서관 사상가들』, 한울아카데미, 2005년, 123쪽

도서관에 적합한 자원인지도 모를 일이고 무엇보다 사서직 직원이 그 자리에 앉는 것이 맞다.

하지만 꼭 관장의 자리가 아니어도 상관없다. 도서관, 그 무한의 공간에서 지금처럼 흐뭇하고 풍성한 기분을 만끽하며 그곳의 책들로 '뭐랄까'의 느낌을 확장하며 살 수 있다면 이용자의 신분만으로도 충분히 흡족하다 나는.

백발의 노인이 되어도 씩씩하게 책 보러 가야지. 9시에 들어가서 18시에 나올 거니까 지금부터 밥 잘 먹고 운동하겠음!

맺으며

"공무원이시죠?" 들을 때마다 흠칫하게 된다. 대체 나의 어디가 공무원스러운 걸까.

무능, 비리, 탁상행정 같은 화를 돋우는 公으로부터 거리를 두고 싶은 마음과, 公을 사는 사람으로서 도의적 무게를 늘 자각해야 한다는 책임감 때문에 공무원이란 직업은 내게 여전히 어렵다.

16년째. 아직도 낯설고 어색하지만 공무원으로 살아온 기록들을 쭈뼛거리며 내놓는다. 화를 돋우지 않기 위해, 정당한 무게를 지기 위해, "네, 공무원입니다" 대답하기 위해서다. 울퉁불퉁한 글들이지만 세상에 나가 한 공간을 이룰 수 있다면 그동안의 좌충우돌이 조금은 뿌듯할 수 있을 것 같다. 귀한 기회를 마련해준 협성문화재단과 바쁜 시간을 내어 큰 도움을 주신 이다혜 씨네21 기자님께 감사의 말씀을 드린다.

한없이 좋은 사람들. 내게 피를 나누어준 엄마, 숨을 불어넣어준 아빠, 어른의 모습을 가르쳐주시는 시부모님, 좋은 친구 남편, 평생의 벗 동생, 같이 웃고 화내주는 제부, 묵묵히 응원을 주고받는 아가씨, 작은 천사 두 꼬마와 두 조카, 기꺼이 서로의 편이 되어주는 친구직원들, 나를 키워준 책들, 그리고 나의 나비에게 서툴지만 몹시 진심인 큰마음을 드린다.

협성문화재단
NEW BOOK
프로젝트 총서

네, 면서기 입니다
16년 차 동네 공무원의 이제야 알 것도 같은 이야기

ⓒ 이우주, 2021

초판 1쇄 발행 2021년 12월 21일

지은이	이우주
발행처	(재)협성문화재단
	부산광역시 동구 충장대로160
	협성마리나G7 B동 1층 북두칠성도서관
	T. 051) 503-0341 F. 051) 503-0342
제작처	도서출판 지식과감성#
	T. 070) 4651-4734 E. ksbookup@naver.com

ISBN 979-11-392-0246-5(03810)

※ 가격은 겉표지에 표시되어 있습니다.
※ 이 책에 실린 글과 이미지는 저자와 출판사의 허락 없이 사용할 수 없습니다.